读客经管文库

长期投资自己,就看读客经管。

别对企鹅发火

在冲突中**剔除情绪**就能处理好冲突

[美]盖比·卡普(Gabe Karp) 著

靳婷婷 译

北京日报出版社

图书在版编目（CIP）数据

别对企鹅发火 /（美）盖比·卡普著；靳婷婷译
. -- 北京：北京日报出版社，2024.4
ISBN 978-7-5477-4649-3

Ⅰ.①别… Ⅱ.①盖… ②靳… Ⅲ.①人际关系学 - 通俗读物 Ⅳ.① C912.11-49

中国国家版本馆 CIP 数据核字（2023）第 151278 号

A Post Hill Press Book
Don't Get Mad at Penguins:
And Other Ways to Detox the Conflict in Your Life and Business
© 2022 by Gabe Karp
All Ritghts Reserved

The simplified Chinese translation rights arranged through Rightol Media（本书中文简体版权经由锐拓传媒取得Email:copyright@rightol.com）

中文版权：© 2024 读客文化股份有限公司
经授权，读客文化股份有限公司拥有本书的中文（简体）版权
图字：01-2024-0932号

别对企鹅发火

作　　者：	［美］盖比·卡普
译　　者：	靳婷婷
责任编辑：	王　莹
特约编辑：	吕颜冰　　何德泉
封面设计：	贾旻雯
出版发行：	北京日报出版社
地　　址：	北京市东城区东单三条8-16号东方广场东配楼四层
邮　　编：	100005
电　　话：	发行部：（010）65255876
	总编室：（010）65252135
印　　刷：	三河市龙大印装有限公司
经　　销：	各地新华书店
版　　次：	2024年4月第1版
	2024年4月第1次印刷
开　　本：	787毫米×1092毫米　1/32
印　　张：	6.5
字　　数：	145千字
定　　价：	49.90元

版权所有，侵权必究，未经许可，不得转载
凡印刷、装订错误，可调换，联系电话：010-87681002

企鹅不会飞，你发什么火呢?

目 录

序 言
— 001 —

第一章
冲突，是拥抱还是抗拒
— 007 —

第二章
霸凌陷阱
— 037 —

第三章
必胜陷阱
— 067 —

第四章
逃避陷阱
— 095 —

第五章
评判陷阱
— 123 —

第六章
学会倾听
— 143 —

第七章
企鹅不会飞，你发什么火呢?
— 163 —

结束语
— 179 —

附　录
— 183 —

致　谢
— 197 —

序　言

"盖比·卡普，你看上去糟透了。"史蒂夫咧嘴笑着，大步走进等候区。他那冒失的言论让我措手不及，毕竟我刚搭乘了一趟累人的红眼航班。

"我也很高兴见到你。"我和他握了握手。

我来这里，是为了参观史蒂夫的公司，姑且称之为维尔康解决方案公司（Vulcan Solutions）吧。这是因为在我数据库里的所有公司中，这家公司发展速度最快，其内部冲突也最严重。表面上看，这家公司的商业模式乏善可陈（专门生产医疗设备所用的可回收合成橡胶）。但在这保守的外表下，这家公司每次开会时都冲突四起，而不知为何，这种冲突文化对这家公司的发展来说效果良好。我想要深挖其中的秘诀，因此我请求该公司的首席执行官史蒂夫允许我跟着他观察他一天的工作。然而，在那次访问期间我所看到的情景，与大多数人所认为的"冲突"大相径庭。

虽然大多数人对冲突都会避而远之，但对那些理解其价值的人来说，冲突却是一笔宝贵的资产。作为一名律师、企业家和风险投资家，有益的冲突一直是推动我获得成功的最大因素。我之所以创作这本书，就是为了帮助其他人用同样的方式从冲突中获益。

当然，并非所有冲突都是有益的。除了有益的冲突，也存在有害的冲突。

有益的冲突能推动个人和组织向前发展，而有害的冲突则会拖慢其发展速度并制造痛苦。这种有害的冲突会消耗组织的能量，限制其竞争、成长和繁荣发展的能力。当冲突变得有害时，团队合作就会举步维艰，公司与客户的关系就会剑拔弩张，员工个人的职业生涯也会受到影响。同样的痛苦状况也可能在我们的个人生活中上演，有害的冲突让我们与爱情、友谊等良好的人际关系无缘。

然而，有害的冲突绝非不可避免。如同通过饮食来清除体内毒素一样，我们也可以给所在的组织和自己的思想排毒，并且效果显著。一旦清除了毒素，我们便会立即感到干劲十足，不仅乐于接受冲突，还能利用它来做出新的突破。这样一来，我们不仅能轻松地处理棘手的问题，还能让人际关系更上一层楼。解决有害的冲突，有助于打造更好、更强、更快、更团结的团队。

这种观点源自我的诉讼律师生涯，那时我需要对案件中的冲突追根溯源。在近距离目睹了他人的冲突后我发现，特定的沟通方式似乎总能对相应的情形起到或改善或恶化的作用。那时，我工作的主要内容就是调解冲突。在紧张的谈判中，我会化解冲突，从而帮助大家放松下来、彼此建立信任。而在剑拔弩张的交叉询问过程中，如果想要激怒证人或向陪审团凸显某个观点，我就会为已经爆发的冲突火上浇油。

我为客户提供了优质的服务，取得了令人满意的成绩，但有时候，不知道为什么，我也蒙受过惨痛的损失，在磕磕绊绊的人际沟通中举步维艰。后来我渐渐发现，与我接手的案件中相似的冲突，也会在个人生活中出现。于是，我开始寻找这些在人际交往中不断积累且危害人际关系的"毒素"。如果能在沟通中去除这些毒素，我与客户就能成功化解冲突。如果对这些毒素视而不见，我们往往就要付出更加昂贵的代价，经受更加痛苦的煎熬。

加入一家名为 ePrize 的小型初创公司的高管团队时，我发现同样的有害冲突模式也潜伏于商界，这时我意识到冲突绝非小事。从头开始创立一家公司，必定会引发很多冲突。但我注意到，如果能去除冲突中的毒素，反而可以用这些冲突来助推我们的业务向前发展。与其消极地规避棘手问题或纵容这些毒素阻碍我们的沟通，不如与员工、客户和股东进行无害的冲突，这样反而能够带来更好的效果。借助这种方法，我们的公司成长为全球数字推广行业的佼佼者。在此过程中，我们完成了对几家规模较小的公司的收购，并且最终达成了出售 ePrize 的协议。

完成公司收购后，我进入了风险投资领域，在更广泛的领域中进一步认识到了冲突所扮演的角色。我主导了十多家公司的投资工作并在董事会任职，持续见证着有益冲突和有害冲突带来的影响。我曾就数亿美元的商业及融资交易进行谈判，也曾与首席执行官们一起解决过各种各样的冲突。这些冲突，大到客户想要取消数百万美元的合同，小到表现不佳的团队成员执意要求加薪，而无论冲突是大是小，同样的模式总会一遍又一遍地上演。

除此之外，我也目睹了有害冲突在同事和亲友的个人生活中所扮演的角色。我知道，有些人在社交媒体上为政治问题唇枪舌剑，闹得彼此之间老死不相往来，令人不禁感到惋惜。朋友们向我倾诉他们与父母关系紧张，与邻居拌嘴，与孩子沟通不畅。商界中的冲突模式，同样也存在于生活中的方方面面（包括我自己的生活在内）。

无论是在法庭、会议室、休息室、酒吧、高中学校食堂、家长会、假日餐桌，还是在任何存在人际交往的地方，冲突都遵循着同样的规律。每个人都希望能更好地处理冲突，但从来没有学习过处理的方法，学校也根本没有开设冲突管理的课程。想想看：我们在学校学到的复杂数学知识，可能一辈子都用不上。相反，我们虽然几乎每天都要用到冲突管理方面的知识，却没有投入哪怕极少的时间学习相关内容。

根据多年的实践经验和学术研究，我发现了一套系统性的方法，可以指导我们利用冲突过上更快乐且更有收获的生活。将学到的经验用在实处后，我立即发现自己有效处理冲突的能力得到了显著提高。

几年前，在受邀给一群首席执行官做冲突管理的培训时，我意识到自己发现了这些策略。那次演讲的效果不错，但还有上升空间。在接下来的几个月里，有几位首席执行官找到我，他们都对培训中提到的"不要因为企鹅不会飞而发火"和"购物清单语气"的理念赞赏有加。

我向企业、贸易组织、企业家团体、律师和大学中的人员做过关于冲突的演讲，得到了充足的反馈，很多人说这些策略奏效了。因此，我便研究和开发出更多的策略，一边把它们教给别人，一边取得反馈。这样，我就确信我的方法是可靠的、可以复制的，任何人都可以学习和加以应用。

无论你是惧怕冲突还是喜欢大吵一架，每个人都有能力应对冲突，以便让公司、客户和亲友从中受益。本书接下来的内容将带领大家深入探讨冲突产生的原因，并提供化解有害冲突的工具，帮助大家利用冲突获得成功和幸福。

有些公司崛起，而另一些公司衰落；一些人的职业生涯硕果累累，而另一些人的职业生涯却一无所获，后者的原因可能就在于缺少对冲突的理解。理解了冲突的本质及产生危害的原因，我们便掌握了战胜这些挑战的法宝。

那些不仅接受冲突，而且鼓励和主动要求冲突的组织，会获得神奇的效果。这些公司、家庭和团体以坦诚和责任心为出发点，快速且高效地执行任务，把那些对难题闭口不谈者远远甩在身后。在这种组织中，人们能够开诚布公地沟通，积极主动地自由表达感想。凡是有话要说的人，都有机会表达。错误很快就会暴露出来，效率问题也能在不引起轩然大波的情况下得到解决。人们得以在事业上取得进步，在个人生活中获得成长。如果是在将冲突视为消极因素的环境中，这一切都不可能实现。

一旦体验到了"无害冲突"的益处，你就会敞开心扉接受冲突进入职场和个人生活，并且利用这种冲突巩固良好的人际关系，将业绩推到新高度。

这本书填补了学校教育体系中的空白，解析了将冲突激化到危险水平的因素，并告诉你如何化解这些冲突，让冲突为你服务，而不是与你为敌。读完本书，你将会增强同理心；学会如何在陷入冲突陷阱之前辨识出危险；学会将冲突视为成功的有效驱动力；学会通过简单而高效的方式应对冲突，让冲突成为助推我们进步的燃料，在生活的方方面面实现更有效的沟通。

在本书中，大家将会读到为昆汀·塔伦蒂诺（Quentin Tarantino）和乌玛·瑟曼（Uma Thurman）的友谊画上句号的那件事；不小心印在成千上万个帮宝适纸尿裤包装上的脏话；通用汽车的有害文化是如何导致超过20亿美元的损失和造成124人死亡的。大家还会与以下人物见面：一位把起诉他人当作一项运动的高管，一位判我败诉却让我感到虽败犹荣的法官，一位因不再"对企鹅发火"而与前夫了结多年恩怨的女士。为了保护当事人的身份隐私，我对一些名字和背景信息做了改动，但这些故事的主题和意义仍保持原貌。

但是，在展开这些内容之前，请让我先把维尔康解决方案公司的故事讲完。那天，我在公司跟史蒂夫相处了一天的时间，观察他如何通过颠覆传统的方式处理冲突……

第一章

冲突，
是拥抱还是抗拒

第一章 ｜ 冲突，是拥抱还是抗拒

在为这本书做研究的过程中，我分析了来自一百多个渠道的数据，想要确定在一个组织中把冲突维持在理想水平会是什么样子。我本以为自己在研究开始之前就已经知道了答案：适量的冲突是有益的，冲突过多或过少都不理想。我推想，忽视冲突没有什么好处，但纠结于过去的分歧也是浪费精力。最理想的状态应该介于这两个极端之间。

然而，实际结果却与预期截然不同。我发现，团队成员之间的冲突越多，公司的发展速度就越快。就此看来，冲突仿佛是件好事。但有一点需要我们多加留心：这只适用于员工在高度冲突下仍能保持稳定关系和彼此信任的公司。

带着这一发现，我来到维尔康解决方案公司的总部，观察首席执行官史蒂夫一天的工作。在我的整个数据库中，这家公司的增长速度最快，冲突水平也最高。那么，这家公司到底有什么特别之处呢？

在参加第一场会议的路上，史蒂夫轻巧地穿过一扇旁门，然后沿着一条窄窄的走廊往前走，我也紧跟其后。就这样，我们走进了一间会议室，史蒂夫将我介绍给一男一女。"这位是盖比·卡普，"他一边介绍一边向我眨了眨眼，"我正在培训他如何处理工作场所中的冲突。"这一男一女分别是设计部门和制造部门的副总裁，史蒂夫想要在会议中审查他们的季度进展。在我担任高管和董事会成员的这些年里，这样的会议我参加过几百次。

但就算有了这些经验，接下来上演的场景仍让我始料未及。

当其中一位副总裁回答不出史蒂夫提出的一个问题时，冲突立即被点燃了。"史黛西正在处理这件事，"她说，"我问问她。"

几分钟后，另一位副总裁也做出了类似的表示："我不确定准确数字是多少，数据在史黛西那儿，我可以找她要。"

不到五分钟，冲突再次发生："我一会儿找史黛西问问这些细节。"

"我要提一个问题，"史蒂夫疑惑地说，"这个史黛西到底是谁？"

"她是我们几个月前雇的人，"两人回答，"她只有23岁，是我们从大学聘用的应届生。她虽然在制造业没有任何经验，但工作还是做得很出色。"

"这是你们在这次会议上第三次提到要找史黛西核实细节了。"史蒂夫虽然没有提高音量，但语气中的严厉还是震住了全场，"下次再出现这种情况，我就给史黛西加薪1万美元。如果再发生这种事，我就再给她涨1万美元。如果我花那么多钱雇她做你们的工作，我还需要你们做什么？"

两位副总裁沉默不语。

"你们要不要去找史黛西教你们摸清门道，我们一小时后再继续会议？"史蒂夫声音平静地问道，"要不然，坐在这里的应该是史黛西，而不是你们。"顺便提一句，史蒂夫说话时用的脏字占比之高，在我见过的人中数一数二。

两位副总裁慢慢点了点头。然后，他们向史蒂夫道歉并承诺以后会有所改进。

"你说得对，"一位副总裁表示，"我们在这件事上没有尽职尽责，多亏了史黛西收拾烂摊子。"

"我们会处理的，"另一位副总裁说，"谢谢您指出问题。您说得完全正确。"

他们俩收拾好东西，一前一后地走出房间，史蒂夫则带我一起去参加他今天的下一场会议。会议的场景大同小异，史蒂夫对员工的表现给予了严厉且直率的反馈，员工们则对他表示感谢，承诺以后会按照他的建议行事。

维尔康解决方案公司的每一次会议都会按照类似的脚本进行。史蒂夫总会提出一些深刻而尖锐的问题，再以"这简直是一团糟！"之类的话收场，却从不会动怒或情绪化。尽管史蒂夫措辞严厉，但会议并不会让人感到不舒服，我也没看出任何人觉得自己遭到了有失尊重或不公平的对待。尽管有些人脸上明显挂不住，但当史蒂夫指出问题时，每个人都能完全负起责任，并且似乎能够立即着手加以解决。

在大多数公司，高管们会尽量在两句赞扬之间插入一句建设性的批评（这就是经典的"三明治谈话"法），但员工仍会因负面的反馈而感到沮丧。反而是想说什么就说什么，爱说脏话的史蒂夫不会得罪人。他成功地创造了一种文化，在这种文化中，没有人会回避开诚布公的反馈，也没有人会在得到反馈时感觉受到冒犯。不仅如此，大家都对这种直言不讳的方法偏爱有加。

而且在这家公司中，这种关系是双向的。我亲眼看到一位名叫梅根的团队领导对史蒂夫提出了批评，因为几天前史蒂夫让梅根的一位直接下属放下手头的工作去帮他的忙。梅根表示，那位团队成员恰巧在赶一个时间紧迫的项目，如果史蒂夫能先找她求助，她一定会派别人帮忙。梅根觉得史蒂夫侵犯了她的权威，让她差点儿耽误了重要的截止日期，让她的工作难上加难。梅根没有吵闹或抱怨，而是用平静的语气说了这番话。

史蒂夫马上回答："这件事我做得真是欠考虑了。"他真诚地看着梅根说："对不起，是我的错。我要向你的团队成员道歉，我不该还没跟你商量就把他从项目里拽出来，我还要告诉他，如果下次我再犯这种错误，他可以随时问我有没有征得你的同意。"

梅根面带微笑，眨眨眼说："没问题。下不为例就行。"

维尔康解决方案公司的文化就是这么管用。

遗憾的是，这种文化并不常见，甚至只能算是例外。许多组织文化的目的都是避免冲突。犯错不光彩，还会被视为耻辱的标志。这种认为盲目从众比承担责任更优先的有害文化使得许多人都不敢表达相反的观点。

工作之外，社交媒体和新闻中铺天盖地的有害冲突也让人们疲惫不堪。我们把批判的反馈装在心里，生怕会冒犯同事（即使这种反馈有助于对方进步）。我们不愿意指出问题，也不愿对别人的意见表示反对，对权威人物更是如此。拿不准的时候，我们选择缄口不语。对于可能会让别人感觉不爽的意见或反馈，我们会避免分享。出于善意而表现出尊重和礼貌的理念衍生出这样一种环境：人们只说他们觉得别人想听的话。这种心态剥夺了我们纠正错误、改善行为和发挥自己最大潜能的机会。

人人都需要得到坦率的反馈。为了避免激怒他人而严审自己的言论，结果却害了彼此。那些能坦然接受直言不讳的人，要比那些无法接受的人学习和成长得更快。如果上司因为担心伤害员工感情而不愿给出有用的反馈，那就无异于剥夺了员工成长和提高能力的宝贵机会。上司的同情心"误入歧途"地化为沉默，而没能给员工反馈，到头来吃亏的还是员工自己，这难道不讽刺吗？

关心他人并不意味着要一脸微笑和善，只说对方想听的话，而是需要你给出不那么容易被接受的反馈，帮助对方成长。将这样的反馈装在心里不说，才是冷酷和不尊重人的做法。虽然欢迎和鼓励坦率交流的文化能让所有人受益，但这种环境仍属罕见，需用心才能构建出来。

值得庆幸的是，即使是被"荼毒"最深的环境，也可以通过"排毒"得到改善。即使是有害冲突猖獗的文化环境，也能从维尔康解决方案公司的文化中有所借鉴。

在通用汽车面临史上最严重的一次危机时，玛丽·芭拉（Mary Barra）正在执掌公司的管理大权，她亲身体会到了改善公司文化中有害冲突的必要性。2014年1月15日，玛丽成为通用汽车首席执行官。16天后，她得知公司一直在生产的汽车的点火开关存在隐患。全美各地车祸频发，伤亡严重。但多年来，通用汽车一直在掩盖这一事实。

16岁的安柏·罗斯（Amber Rose）是通用汽车这一隐患的第一位受害者。2005年7月19日凌晨，安柏驾驶着她新买的雪佛兰在南卡罗来纳州登斯维尔东部的郊外撞上了一棵树，并且于几小时后在医院死亡。一项调查显示，汽车点火装置的设计缺陷导致车辆在安柏驾驶时突然切换到ACC挡位[1]，从而致使引擎关闭，包括动力转向系统、防抱死制动系统和安全气囊在内的安全系统停止工作。

然而，安柏的悲剧仅仅是个开始。最终，点火开关隐患共导致124人死亡，275人受伤。该事件给通用汽车造成了毁灭性的打击，导致公司在全球召回3000万辆汽车，支付了超过25亿美元的罚款和赔偿，而客户群、股东和公众对通用汽车的信任度也大幅下降。（此数据统计截止至2014年。）

玛丽·芭拉惊恐地发现，通用汽车一直在试图逃避点火开关问题的责任。例如，在安柏事故发生5个月后，通用汽车向经销商发送了一份公告，称点火开关缺陷的发生可能由以下因素导致："司机个子不高，钥匙链体积／重量大……应将这种可能性告知客户，并且应……把不必要的物品从钥匙链上取下。"让我们好好品一品

---

1 ACC挡位指汽车在发动机未启动时，其附属设备的电源处于接通状态。此时，汽车的车载收音机、顶灯等能正常工作。——编者注

这番话。通用汽车明知公司生产的汽车存在缺陷，可能导致车辆在高速行驶时动力转向系统、防抱死制动系统和安全气囊突然停止工作，但他们做出的选择不是立即召回汽车，而是建议客户避免使用体积大或较重的钥匙链。

为了解决这些问题，玛丽·芭拉意识到自己需要直面冲突。她展开了彻底的调查，发现问题的根源并不在工程环节上，而是公司严重的有害冲突文化导致了恶果。她了解到通用汽车公司内部的一些人早在十多年前就知道点火开关存在问题，但由于担心受欺负、被解雇、被骚扰、被嘲笑而一直噤若寒蝉。通用汽车的公司文化并不鼓励员工提出汽车安全相关的问题，因此，虽然设计上的缺陷属于技术问题，但根本问题却出在文化上。

2014年4月，玛丽·芭拉现身美国国会，就点火开关的缺陷问题发表讲话。她没有找借口或回避这些问题，而是为通用汽车过去的行为道歉，承认赤字的存在，并且对公司的拖延和遮掩进行了开诚布公的说明。她承认这一悲剧错在通用汽车，并且向全世界保证，情况正在逐渐改善。

在玛丽·芭拉的领导下，通用汽车大规模召回了受影响的汽车，向调查人员呈现了前所未有的透明度，并且为自己的行为担负起责任。利用这个契机，玛丽重塑了公司及品牌形象，对内部文化加以改进，重新赢得了公众的信任。就这样，安全和客户至上的理念成为所有决策的核心因素。

2019年发生的一件事就证明了这些措施带来的实际成效。当时，通用汽车工厂的一名生产线工人注意到某个汽车零件可能安装有误。他提交了一份"为安全发声"的警告后，公司便立即展开了调查。由于这次及时的警告，通用汽车只需要对不到200辆汽车进行修理。在玛丽·芭拉改变企业文化之前，这样的生产缺陷可能不会得到揭露，进而使生产线上产出的数万辆汽车都受到影响。

玛丽·芭拉成功地去除了通用汽车企业文化中的毒素，她的努力得到了回报。如今，这家公司的表现非常出色，股东价值和盈利能力都冲上了新的高度。这一切之所以成为可能，是因为玛丽·芭拉能够敞开心扉接受冲突，积极主动地管理冲突，并且利用冲突推动公司的发展。玛丽·芭拉将官方流程和政策作为工具，为通用汽车的企业文化排毒；而维尔康解决方案公司具有拥抱冲突的健康文化，则是史蒂夫的领导方式及他直言不讳却不带威胁性的沟通风格产生的自然结果。这两种方法截然不同，却殊途同归，因为两家公司都营造出了一种将有害冲突拒之门外的环境。

当然，有害冲突并非通用汽车等公司的"专利"。我们每天都会经历各种形式的冲突。即使是一些简单的事情，比如几句刻薄的话或一个苛责的表情，也能让我们的情绪波动，对我们产生巨大的影响。几十年前，我的母亲曾在商场里被一位没有恶意的保安指控偷窃。那种伤人的羞耻感，她至今仍然记忆犹新。那一天，她把几天前给我哥哥买的衣服拿到店里，想要换一个尺码。那时是12月中旬，正值假日购物的高峰期，百货商店里挤满了人。她拿了一件尺码合适的衣服，四处寻找店员帮她换货，但一个店员她都没看到。

她检查了两件衣服上的标签,发现价格是一样的。于是,她把几天前买的那件衣服放在桌上,拿起新的那件衣服朝门口走去。

就在她快要走出店门的时候,一位保安紧紧地攥住她的胳膊,说:"你想往哪儿去?"母亲顿时紧张得不知所措,试图努力解释事情的来龙去脉,但那位保安只是回了一句"编得还真像回事",便把她带到了一间审讯室。她孤零零地坐在百货公司的"监狱"里,满脑子都在想,这件丑事一旦被人发现,她的家人会感到多么丢脸。过了大约十分钟,保安走回来,告诉她:"你现在可以走了,下不为例。"这次遭遇给母亲造成了巨大的打击,她一连好几天都没能缓过神来,在脑中反复回想这件事,承受其带来的重压。

现在回想起来,母亲真希望当时能捍卫自己的权利,冷静地说清事由,给保安看看收据,然后离开。但当冲突毫无预警地降临在她身上时,恐慌的情绪油然而生,让她不知如何应对(我敢肯定,如果她不是一个住在城郊的白人女性,情况会更糟)。

尽管保安并未使用羞辱性的措辞,但这次遭遇还是触发了母亲"战或逃"的应激反应。而相比之下,史蒂夫在维尔康解决方案公司中直言不讳、脏话连篇的评论,却没有对任何团队成员造成情绪上的打击。这个例子说明,某些特殊的因素能够清除环境中的不利因素,让冲突以积极的方式展开。

与通用汽车点火开关的事故相比,这件发生在百货商店的事情微不足道,但在这两件事中发挥作用的因素却是一样的——通用汽车的工程师早在十多年前就得知点火开关有缺陷,却从未站出来发声；同样，我的母亲也在面对冲突时选择了退缩和保持沉默，最终导致情况变得更糟。虽然这两个场景看似有着天壤之别，但通过深入观察便可发现，二者之间的唯一区别就在于严重程度。无论规模大小、情况如何、人数多少，所有有害冲突都遵循着同一套简单的模式。这意味着，我们可以使用同样的工具来调解各种剑拔弩张的人际关系。在谈论如何解决有害冲突之前，让我们首先来了解这种冲突的来源。

为什么冲突如此棘手？

与绝大多数的人类特质一样，冲突也有"先天"和"后天"的根源。动物世界里充满了冲突，这是生命无法避免的一个特质。然而，人类却把冲突推上了一个全新的高度。无论是家庭和朋友之间，雇员和雇主之间，还是世界舞台上的各个国家之间，只要存在人类沟通的地方，就必定存在冲突。我们甚至能够参与内心的冲突，在头脑中与自己争论不休。

需要注意的是，某些形式的冲突是不可避免的。历史书可能会把人类的成就描绘成一个清晰的进程，从一项壮举、发明或发现演进到下一项；而实际上，这个进程却是在逆境、异议甚至暴力反对中展开的。冲突是生活中必不可缺的因素。任何有价值的成就都需要克服阻力才能达成。将冲突视为消极的和应该避免的东西，这种观念不仅是错误的，而且可能造成巨大的损失。试图避免冲突往往会让事态变得更糟，就像通用汽车的过失和我母亲在购物中心的遭遇一样。

冲突有两个主要驱动因素：其一是先天因素（我们的大脑天生就能以特定的方式对冲突做出反应），其二是后天因素（社会环境会让我们在处理冲突时适得其反）。后面我们会深入探讨这两种驱动因素。

生存的本能

有害冲突的第一大驱动因素来自"先天"，也就是我们天生的遗传倾向。这一驱动因素可以在丛林中有效地保护我们的身体免受伤害，但将它应用于人际关系处理时，却会产生事与愿违的效果。超过十亿年的进化结果深深刻在每个人的 DNA 中，因此冲突会触发我们本能的生存系统，让我们进入"战或逃"的应激模式。这实际上是一种本能反应，使我们要么发动进攻、激化冲突（战斗），要么消极回避、撤退逃离（逃跑）。如果让这些本能占据上风，我们的情绪很快就会飙升到有害水平，从而使冲突变得有害。

我们对冲突的本能反应源于大脑中的两个杏仁状腺体，它们叫作杏仁核，位于眼睛和视神经的后方。大约两亿年前，杏仁核在我们史前祖先的大脑中最早开始进化，它们负责检测威胁和应对突发情况。当我们感知到威胁时，杏仁核就会跳上"驾驶座"，将"方向盘"从我们大脑中思维较慢的理性区域夺取过来。杏仁核不会停止思考，因为在生死攸关的时刻，每一秒都很重要。压力荷尔蒙如瀑布般倾泻而下，涌入我们的身体系统，让身体做好"战或逃"的准备。这个时候，我们可能会感到心里七上八下，手心出汗，脸颊发红。我们会心跳加速，四肢发抖，声音颤抖；喉咙也紧缩，脖子变得僵硬；另外，为吸入更多氧气以获得攻击或逃跑的能量，我们的呼吸也会变得又快又浅。

当杏仁核进入"战或逃"模式时，我们的大脑会关闭通往前额叶皮质的神经通路。而前额叶皮质正是生成逻辑、理性、计划和目标的基础，是大脑中负责做出正确决定、找出答案、仔细权衡行为后果的部分。我们要进行推理和深入思考时，前额叶皮质的功能是不可或缺的。但在受到威胁时，我们没有时间进行理性思考。此时的我们处于生存模式：无暇思考，只许行动。

这种模式虽然在肢体冲突中很有效，但在言语冲突中就不管用了。

如果无法调动前额叶皮质，我们就会在激烈的谈话中迷失方向，失去多角度思考问题的能力。你是否也曾在冲突结束几小时后才想到完美的应对方法？之所以会这样，是因为你的前额叶皮质在暴怒状态之下停止了运转，而一旦它重新上线，你就能够对冲突加以分析并运用创造力想出解决方案了。

在"战或逃"的模式下，我们的记忆也会变得不可靠。在与朋友或爱人发生争执的时候，你是否连对方的一个优点都想不起来？

当"战或逃"模式被触发时,我们会失去通过别人的视角看问题的能力。我们的注意力会集中于一个目标,那就是现在就把这个威胁解决掉。我们无法选择应对方式,因为先天遗传的神经系统已为我们做好了选择。所有这一切,在我们的意识察觉到事态之前就已发生。

在丛林中,"战或逃"模式下的反应可以救命。但在会议室、教室或起居室里,这样的反应则可能会引发严重的问题。当我们的祖先走出洞穴,看到一只剑齿虎时,他们的杏仁核会高速运转,保护他们免受威胁。在同一时间,还有一些人会漫不经心地看着这只剑齿虎,心想:管它呢。这些漫不经心的人不是我们的祖先,官方科学术语应该称这些人为"午餐",他们活得不够长,无法将自己脆弱的杏仁核基因遗传给后代。在那时,拥有一个强大的杏仁核是一件关乎生死的大事。但在当今世界,我们面临的威胁通常是学校的大考、工作中的重要演讲,或是家庭聚会上价值观截然不同的亲戚。在这些情况下,一触即发的杏仁核会让我们陷入巨大的麻烦之中。

在面对身体威胁时,恐惧和愤怒等生存情绪能够起到有益作用。然而,在面对涉及微妙情绪的交流沟通时,这些情绪很快就会飙升到有害水平。杏仁核会认为站在我们面前的是一只剑齿虎,而不是财务部门的"小张"。冲突之所以如此棘手,首要原因就在于有益冲突会转化为有害冲突。

社会化

有害冲突的第二个驱动因素源于"后天",也就是说,在生活中,从社会文化、家庭和朋友那里学到的关于冲突的经验会对我们造成影响。社会让我们从小就习惯了美化坏消息和粉饰负面反馈。我们被告知:"如果没有好话可说,那就什么都别说。"我们被教导要尊重他人,保持顺从,讲礼貌。这些经验和教训诚然重要,但这种教导会让我们觉得,在任何事情上提出不同于他人的意见都有失礼节。殊不知,这种想法最终会让冲突变得更加棘手(就像通用汽车的事例和我母亲在商场的遭遇一样)。

在恐惧和愤怒两种情绪的支配下,我们会接收到自相矛盾的信息:一方面要求我们体谅别人,另一方面却鼓励我们坚定立场。例如,社会对男孩和成年男子的教育是:恐惧是懦弱的表现,而愤怒应受到鼓励。在团体运动中,教练教育男孩从小就要学会"点燃怒火",并将这种情绪带入竞争之中。父母和师长提醒男孩要捍卫自己的权利,勇敢地面对霸凌者。然而,女孩和成年女性却往往受到完全相反的教育。她们的愤怒和攻击性行为不但不受鼓励,还被视为有失礼貌,甚至是"恶毒"的表现。而与此同时,圆滑和矜持却会得到鼓励和赞美。女孩们经常被告诫不要做任何有风险的事情,应该学会害怕。当然这些只是一种概括的论述,在西方文化中,基于性别的心理制约正在逐渐发生改变,但是这些自相矛盾的信息仍然存在。

评判和自尊也是冲突中两大主要的毒素，在这两个问题上，社会也向我们传输着自相矛盾的理念。

在幼年时期，我们就开始被教育要学会评判，但我们接收的信息是混乱的、自相矛盾的。大人教育孩子不要和陌生人说话，这条经验固然重要，却可能导致孩子以偏概全地对他人产生不信任感。与此同时，我们还被告知不要评判别人，应该接受别人本来的样子。

同样，关于由自尊驱动的行为，我们从小接收的信息也是自相矛盾的。流行文化向我们灌输了大量有关个人英雄主义和克服逆境的理念，媒体也颂扬那些敢于直面冲突、迎接挑战的英雄。我们还崇拜拥有远见卓识的思想家，赞美他们果决地反对主流、敢于标新立异。但与此同时，我们却被教导要以谦逊为美德，学会用批判的眼光看待骄傲自满的行为。

以上都是宝贵的经验和明智的箴言，但这些信息所产生的矛盾却让我们一头雾水，迷失方向。由此带来的一个影响是，我们的行为和反应往往会在本不存在冲突的地方制造冲突，或者激化矛盾，让事态变得更糟。简而言之，社会化有可能导致我们陷入有害冲突的泥潭，这就是第二个问题所在。

四大毒素

引发生活中大多数有害冲突的罪魁祸首，是"先天"和"后天"影响产生的四大毒素。这四大毒素分别是：恐惧、愤怒、评判和自尊。当然，其他情绪也会对冲突造成影响（比如嫉妒、贪婪和欲望等），但我发现，专注于这四种最主要的毒素，可以带来改变人生的收益。恐惧、愤怒、评判和自尊本是自然存在且正常合理的情绪（准确来说，评判和自尊不是情绪，但为了简单起见，请允许我在此稍做延伸），如果控制在最佳范围内，这些情绪可以推动我们解决问题、化解威胁并捍卫自己的权利。在安全范围内，这些因素可以呈现出多种形式，包括竞争意识，想被人关注和重视，或者是渴望做出有益贡献。然而，当这四种因素中的任何一种变得过量或不足时，它就会演化成毒素，像体内的毒素损害身体一样，损害我们的沟通。我们的目的不是将这四大毒素从生活中完全清除，而是使其保持在最佳水平，消除这些因素对我们的沟通产生的有害影响，学会用积极的方式面对冲突，从而获得成功和幸福。

被我们视为健康有益的物质，如果在体内的浓度上升得过高或下降得过低，都有可能变成有害物质。人体在平衡状态下能够发挥最大功用，也就是说，想要实现卓越发展，我们就需要将一切因素保持在最佳范围内。例如，水是人体内含量最多的分子，约占体重的60%。喝水太少会导致人体脱水，而喝水太多则可能导致人体水中毒而危及生命。铁也是如此：摄入太少会导致贫血，而摄入太多则会导致血色素沉着症（这种病听起来就很可怕）。钾也遵循同样的原理，糖、胆固醇、锌、维生素 E 等物质亦然。

冲突的原理也大致相同：将情绪保持在最佳范围内，你的沟通就是积极有益的。如果任由这些情绪过于高涨或低迷，冲突便会造成有害的影响。

营养学家会将注意力放在优化少数关键维生素和矿物质的水平上，而我也发现，专注于这四大毒素，能够对促进有益冲突产生奇效。已知的影响人类健康的分子有成千上万种，而且人们还在不断地发现新的候选项。因此，想优化全部的分子物质是不可能也没必要的。典型的复合维生素中，只含有二十到二十五种不同的营养素。

而在冲突的语境中，问题就更简单了，你只需将恐惧、愤怒、评判和自尊控制在最佳范围内即可，这样就能够极大地减少生活中的有害冲突。虽然还有很多其他的直觉和情绪会对冲突产生影响，但是专注于防止这四大关键因素达到有害程度，你就迈出了了不起的第一步。

恐惧

处于合理水平的恐惧感对生存来说至关重要，但当恐惧超出最佳范围时，就可能产生有害的影响。当我们感觉到环境中的物理威胁时，恐惧会促使我们选择直面威胁或逃跑，这无疑是有益的。同样，如果工作中的某种情况威胁到我们所梦想的晋升机会，或是阻碍了我们的工作进展，恐惧便会让我们保持警惕，激励我们采取行动。从另一方面来说，如果我们在遇到冲突时不够恐惧，便会引来麻烦。我们可能会鲁莽地冲进陷阱，说出不合时宜的话，或是因为没有再三思考而做出偏激的事。但是，过度的恐惧也无益，可能会导致我们逃避威胁，任其发展恶化；也可能让我们怯于应战，而不是充满信心地为捍卫自己的权利挺身而出。为了消除冲突中的毒素，我们必须学会将恐惧控制在最佳范围内。

愤怒

愤怒是一种具有两面性的情绪。Netflix（美国视频网站）出品的电视剧《后翼弃兵》（*The Queen's Gambit*）中有这样一句话："愤怒是一剂强有力的调味品。一小撮能够让人振作，放太多却会麻痹感官。"从很多方面来说，愤怒都是有益的。当我们遇到问题时，愤怒的情绪往往会激励我们去解决问题，而不是任其恶化。然而，在需要深思熟虑、三思而行的时候，愤怒也会让我们冲动行事、失去理智。愤怒会让我们攻击和疏远那些本可以帮助我们解决问题的人，也会让我们无法考虑全局、看清多方立场或是协作制订解决方案。愤怒有一个理想剂量，但如果我们让这种情绪飙升得太高或下降得太低，便会产生相应的恶果。

评判

与恐惧和愤怒一样，评判保持在一定范围之内才最为有效。有些评判是有益的，比如因感觉不对劲而避开危险，或者我们判断这个人品性良好，从而愿意给予他第二次机会。然而，评判做得太少会让我们被人利用，而过度的评判则会让我们不愿倾听别人的意见，无从探索可能对我们有利的机会。此外，在交流中公开表现的评判，会阻碍我们与他人之间的交流沟通。

自尊

　　自尊是最后一个超出理想范围便可能导致有害冲突的因素。在有人低估我们的价值或试图窃取创意的情况下，如果我们能在自尊的驱使下让别人知道我们做出的实际贡献，那么当然是件好事。但自尊也会下降或上升到有害水平，使得冲突激化。如果没有足够的自尊，我们就会任由别人抢走我们的功劳，或者忽视我们的价值。然而，自尊过高也会让我们说出自己感到后悔的言论，或因过度膨胀的自信而鲁莽行动。

　　同样，沟通对象的恐惧、愤怒、评判和自尊也会对冲突产生巨大的影响。因此，我们不应该仅从自己的视角看待这些情绪，还应该从冲突本身的客观角度出发看问题。我们可以先发制人地对他人的情绪进行调控，防止其达到有害程度。关注这些毒素，努力将其保持在最佳范围内，这样一来，我们便可以将冲突为己所用，而不是让冲突形成阻碍。但是，具体该怎么做呢？

营造充斥着有益冲突的环境

　　好在我们可以克服先天和后天因素，营造出一种环境，让人们在不将冲突激化到有害程度的前提下轻松地参与进去。我们可以主动出击，防止愤怒、恐惧、评判和自尊达到触发"战或逃"反应的有害水平，即使在最大的压力下，也要调动大脑中较为先进的区域来思考。一旦发现毒素出自何处，我们就可以通过特殊的策略规避生存情绪，为冲突排毒。这并不是只有少数天赋异禀的人才拥有的特殊才能，而是人人都可以学习和提高的一种技能。

ePrize 是一家专为大品牌公司提供数字推广服务的初创公司。为这家公司组建法律团队时，我目睹了这些措施在组织层面产生的巨大影响。作为法律团队，我们的职责就是确保公司的所有促销活动都不会遇到法律问题。我的任务则是训练没有任何法律经验的人与律师辩论，指出对方在引用法律时所犯的错误，挑战对方的观点。但我很快就意识到团队中的许多人并不知道如何提出质疑，尤其是那些大学应届毕业生，因为他们觉得冲突是不礼貌、不体面、不专业的。如果团队成员不能经常指出错误、质疑别人的想法和讨论问题，团队便不可能成功。这是一个严重的问题。在团队会议上，我苦心恳求大家对我说过的任何有漏洞的话提出质疑，我们不能因为其他人对某个问题一致同意就随波逐流。虽然大家点头同意，但企业文化并没有起色。

在一次团队会议上，有人针对一个棘手的问题提出了一个解决方案，紧接着又询问这个方案是否合法。我一脸严肃地虚构了一个最高法院诉讼案件，里面堆砌了我能想象到的最荒谬的信息和判决方式。但是，没有一个人怀疑它的真实性。我继续追问：

我：大家都明白了吗？

团队：不太明白。这好像完全说不通啊。

我：大家说得对，这案件听上去完全是无稽之谈。你们为什么不提出质疑呢？

团队：因为你说得这么有板有眼，我们还以为肯定是真事。

我：大家的直觉很准，这完全是我虚构的。如果有什么东西听起来不对劲，那么无论它来自哪个信息源，你们都得提出质疑。你们不能放过任何一个说话有漏洞的人，尤其是我。

一旦团队成员知道了我有可能虚构事实，他们便将不礼貌的顾虑抛到了九霄云外，把这场讨论变成了一场游戏。他们甚至对我提供的真凭实据也提出了挑战和质疑，这正是我想要的效果。我用一种不带任何敌意的方式应对他们的质疑，让他们不再担心冲突会转化为消极的矛盾。很快，他们也习惯了对彼此的言论提出质疑。

就这样，通过几个捏造出来的诉讼案件，大家习惯了对想法、观点和建议提出质疑，不再担心这样的沟通会伤感情。我们挑战的是思想和概念，而不针对个人或人格，因此没有人会感觉受到评判的是自己。愤怒没有飙升到有害水平，我们也没有让自尊成为处理问题的阻碍。最后，团队找到了工作中存在的问题，并且以更快的速度制订出了解决方案。开诚布公的反馈不仅能激励我们成长为更优秀的个人，促进职业发展，还能提高团队的生产力，让公司和客户因此受益。我可以自豪地说，在我们出售 ePrize 这家公司的时候，法律团队已在44个国家为多个世界级别的大品牌完成了超过13 000次的推广活动，而且没有遇到任何法律问题。从盈亏视角来看，作为一个业务部门，在取得这些成绩的同时，我们的利润率也接近90%。

同样的心态也存在于科研领域中，该领域的科学家经过专门的培训，被鼓励对一切问题提出质疑。可证伪假说是科学的基石，也就是说，在宣称某件事的正确性之前，必须尝试证明此事是错误的。除此之外，科学家还总会努力相互证伪。在短片《美国科学》(*Science in America*) 中，天体物理学家尼尔·德格拉斯·泰森 (Neil deGrasse Tyson) 解释了人们如何在科学领域利用冲突探索真相：

> 科学的一个伟大之处在于，整个实践的目的就是探索真相。(我会)提出一个假设，在检验后得到一个结果。我的一个竞争对手觉得我可能出了错，于是会反复核查。他们做了一项更加严谨的实验，然后发现："嘿，实验结果是匹配的。天哪，我们得出了一项重大发现。"在此基础上，一个新的真理便诞生了。在寻找真理方面，科学比我们人类发明的任何东西都做得好。

就像我在 ePrize 公司的法律团队一样，科学界的人士也懂得在冲突中将愤怒、恐惧、评判或自尊控制在最佳范围之内。这是因为，经过科学方法的训练，他们能够在挑战彼此的研究成果时抑制住自己的本能情绪。当然，科学家也是人，有时情绪可能会发展到有害的程度，而科学方法就是为了应对这种情况。当确定真相的任务优先于一切时，出现误解、伤害感情和担心报复的可能性就会相应降低。科学家会不断挑战各种观点，对彼此的发现提出强烈反对，这是科学探索中固有的环节。由于科学方法需要这些辩论，因此几乎不存在有人把这些质疑放在心上或闹得不愉快的风险。攻击别人的研究当然会牵扯到评判，但这种评判是有益而非有害的。对一位科学家来说，自己的结论被人证伪或许会挫伤自尊，但往往能化为更努力工作或是做出更大贡献的动力。这个例子，让我们看到了自尊的益处。这种健康的冲突推动着科学探索的进程，也能够促进人类的进步。

坦然接受冲突，不过度情绪化或强加指责，这种做法不仅对律师和科学家有利，也可以惠及所有人生活的方方面面。将存在漏洞的理念表达出来并对其展开讨论，往往有其价值。在理想情况下，会有人反对你的理念、质疑你的想法，从而使你的理念得到改善。无论你的级别或头衔是什么，在人们不断对理念和方法提出质疑的过程中，你所在的组织会随之改善。提出的质疑越多，这个过程就会变得越容易。

然而，如果我们无法对这些毒素加以控制，情况就会迅速失控。当这种情况发生时，我们便可能落入四种难以摆脱的陷阱之中。

四大冲突陷阱

随着毒素在冲突中的积累，我们可能会陷入四种常见的陷阱。如果对毒素加以控制，避开这四种陷阱就相对容易。如果你已经陷入其中一种陷阱，情况会相对棘手一些，但你还是可以利用一些策略和工具把自己解救出来。

霸凌陷阱

这是指类似霸凌的行为无意中造成有害冲突的情况。通常来说，当某种毒素积累到导致某人的行为引发另一人产生"战或逃"的反应时，就会出现霸凌陷阱。例如，适逢双方需要开诚布公、解决问题的时机，如果一方因为某个错误勃然大怒并大声呵斥对方，可能会导致另一方消极应对并不愿展开对话。

必胜陷阱

这是一种好胜心失控的情形，非赢不可的执念会阻碍我们实现更重要的目标。如果只考虑短期的胜利，而不考虑最初促使我们陷入冲突的最主要根源，我们就会落入陷阱。对胜利的渴望会让我们偏离正轨。举例来说，你非要与一位自负而粗鲁的同事在项目上争出高下，反而会阻碍你与其他成员的合作，导致项目无法推进。

第一章 | 冲突，是拥抱还是抗拒

逃避陷阱

出于恐惧而想要避免冲突时，我们便陷入了逃避陷阱。放在"战或逃"反应的背景下来说，这种反应是"逃"。当恐惧感上升到有害水平时，它便会阻碍我们提出问题、承认错误、表达想法或指出问题。有害的恐惧会让我们逃避冲突，而不是拥抱冲突、让事态往好的方向发展。例如，通用汽车的工程师虽然知道点火开关存在缺陷，却选择缄口不语，这就等于陷入了逃避陷阱。从长远来看，回避问题最终会让情况变得更糟。

评判陷阱

如果在对他人的评价中掺杂了恐惧或愤怒等毒素，混合而成的这款"鸡尾酒"就成了一种有害的评判，不仅消耗我们的精力，还会阻碍有效合作。这就是评判陷阱。我们可能会对某人的人生加以评判，并且以此为依据，不愿与这个人在互惠互利的项目中展开合作。此外，我们也可能把时间浪费在为他人对自己造成的伤害而愤愤不平上，却不把精力集中在个人和职业发展上。

本书接下来的部分将会对这四种冲突陷阱逐一进行分析，阐述每种陷阱的原理，并且提供帮助大家脱离或绕开陷阱的工具。想要让冲突为你所用而不是形成阻碍，关键之一就是防止情绪达到有害水平。这本书中的工具不仅能帮助你控制自己的情绪，还有助于你对他人的情绪进行管理。这样一来，你就能在远离四大陷阱的同时参与必要的冲突。随着挖掘的深入，大家将以一种新的视角，了解维尔康解决方案公司的企业文化——防止毒素堆积和规避冲突陷阱的方法。你会更清楚地了解，这种科学的方法是如何通过全新的途径减少有害冲突的。你也会明白，为什么我们在 ePrize 的法律团队能取得如此惊人的成功。虽然我在本书中对一些细节做了修改，但会将这四大冲突陷阱的原型呈现给大家。化解有害冲突的工具的效力，大家也大可放心。

专业调解人经常使用一种叫作"穿梭外交"[1]的策略。这种策略非常有效，可防止冲突向有害的方向发展。调解人会让当事双方待在不同的房间里，然后来回"穿梭"，把一方说的话讲给另一方听。然而，调解人不会将每句话完全重复出来，而是剔除情绪，只传达事实。例如，一方可能会说："你告诉那个混账，我绝对不可能签字！"调解人可能会把这样一句话转达给另一方："她很感谢你的提议，但还没有做好接受提议的准备。"

调解人如同过滤器，能够清除对话中的毒素，让双方客观冷静地面对冲突。在上文的例子中，调解人把沟通中的愤怒情绪过滤掉了。另外，如果调解人能证明自己理解了问题并保证准确传达，便会打消当事人担心重要信息被遗漏的顾虑。当一方对另一方进行严厉指责时，调解人只需把这种抱怨的情绪从信息中过滤掉即可。使用同样的方法，调解人也能够避免双方因自尊而使沟通产生障碍。由于所有信息都要通过调解人传递，那些可能让人们陷入消极对话

---

1 常见于国际关系和一般调解领域，指第三方在冲突中充当主要当事方的中间人，避免主要当事方之间进行直接接触。——译者注（下文注释若无特别说明，均为译者注）

的毒素便得以净化。

当然,穿梭外交在日常生活中并不实用,因为在大多数人的日常生活中并没有一个常伴身边的调解人,能够随时协助我们净化沟通中的毒素。通常,我们需要在毫无准备或预警的情况下随时投身冲突之中。好消息是,在没有专业调解人在场时,我们仍可以采用一些策略来达到穿梭外交所达到的效果。我会在接下来的章节中向大家详细介绍这些策略。

首先,我们来看霸凌陷阱。在与好莱坞传奇导演昆汀·塔伦蒂诺拍摄电影《杀死比尔2》(*Kill Bill: Vol.2*)时,乌玛·瑟曼遇到了一次意外……

拥抱冲突

有益的冲突能推动个人和组织向前发展；有害的冲突则会拖慢我们的速度，带来痛苦。

◎ **了解根源**

所有冲突都遵循一套简单、可预测的模式。对大多数人来说，难以使冲突向有益方向发展的原因主要有两方面：一是我们大脑的运行机制，二是我们的成长环境。

- **先天遗传：**我们的生存本能已经经历了数十亿年的进化，深深印刻在我们的 DNA 中。我们天生拥有一个"战或逃"的应急系统，在发生冲突时会被自动激活。
- **后天培养：**我们从小便经历了社会化的洗礼，在如何处理冲突的问题上接收相互矛盾的信息。我们所受的教育告诉我们，要学会评判他人，但也要将评判视为不礼貌的行为；待人要坦率和诚实，但如果没有赞美之言，就保持沉默。这些矛盾的信息让我们不知何去何从。

◎ **冲突中的毒素**

我们通过先天遗传和后天培养获得了四种情绪，处于最佳范围内时，这些情绪是有益且有效的，但在低于或超过最佳范围时，它们就转化成了毒素。大多数有害的冲突就是由以下这些情绪造成的：

- 恐惧
- 愤怒
- 评判
- 自尊

◎ **冲突陷阱**

随着冲突中毒素的积累，我们可能会陷入四种常见的陷阱：

- 霸凌陷阱
- 必胜陷阱
- 逃避陷阱
- 评判陷阱

第二章

霸凌陷阱

在《杀死比尔2》结尾处的一个镜头中，乌玛·瑟曼饰演的角色开着一辆卡曼·吉亚敞篷车在一条土路上疾驰而过，要去杀死比尔。在这个镜头中，摄像机安装在汽车的后端，观众面对着乌玛·瑟曼的后脑勺，看着她的头发在风中飞扬。而普通观众有所不知，这场戏的背后有一段不幸的往事。

昆汀·塔伦蒂诺是一位屡获殊荣的作家兼导演，乌玛·瑟曼是一位一线演员，两人都是各自领域中技术一流的人物。可以说，两人在合作这部电影时都处于巅峰状态，因此在《低俗小说》(*Pulp Fiction*)大获成功的基础上，《杀死比尔》又大获成功。但即使是世界上最优秀的人才，也难免受到有害冲突的困扰。在墨西哥拍摄《杀死比尔2》的最后一幕时（这时已历经了9个月的拍摄），两个人落入了我们所说的第一个冲突陷阱。

为了完成这部时长三个半小时的史诗片的主题拍摄工作，昆汀投入了大量的精力。拍摄进度落后，宝贵的白天正在流逝。按照乌玛后来的形容，昆汀来到她的拖车时已是"怒不可遏"。米拉麦克斯影业公司（Miramax Film）由于预算限制已经迫使导演删减了一些他最喜爱的场景。导演昆汀需要在这个地点再拍一场，且无法于第二天回来补拍。所以，当他听说乌玛不愿自己驾驶，想找一位特技司机时，昆汀的压力就更大了。昆汀知道现在再雇司机已经太迟了，想要按计划完成拍摄，唯一的选择就是让乌玛亲自驾驶。他扛着整部电影的重担朝着她的拖车走去，满心只装着一个目标：让她亲自驾驶。

乌玛不敢开这辆车是情有可原的。一名工作人员告诉她，这辆车并不安全。车子从手动挡改成了自动挡，而且座椅没有拧紧。这是一辆"好莱坞式"拍摄用车，不适合在现实的街道上行驶，而且要在没铺砖石的土路上开。乌玛是一名演员，不是训练有素的特技司机，她认为这个场景应该由专业人士来完成。

乌玛试图向昆汀解释她对那辆车的恐惧，但他不容辩驳。昆汀向她保证汽车是安全的，还说她只需沿着一条笔直的路开下去就行。他指示道："把速度开到每小时40英里[1]，否则头发就无法在风中飘起来——否则，我就得让你再开一次。"

乌玛只得不顾自己的恐惧，屈服于压力，同意拍摄。于是，她爬进了那辆多年后被她称为"死亡之箱"的汽车。

"开拍！"昆汀一声令下，乌玛便猛踩油门，在未铺砖石的土路上行驶。她用余光扫了扫车速表，决心提速至每小时40英里，因为这样一来，这个恐怖的场景她只需拍一次就能过。然而事实上，这条路并不直，路上有隐藏的S形弯道。道路上的沙子比预想中多得多，汽车轮胎无法抓稳地面，产生不了像乌玛这样的普通车手所习惯的摩擦力。那天拍摄的原始视频让人捏了一把汗，视频中的乌

---

[1] 约64公里。

玛拼命想要把持住方向，无奈汽车却飘移出马路，撞到了一棵棕榈树上。

乌玛遭受了脑震荡，颈部和膝盖遭受永久性损伤。这就是有害冲突带来的恶果。

她在回忆当时的情景时这样表示：

> 方向盘抵在我的肚子上，我的腿卡在身下。我感到一阵灼痛，心想："糟糕，我再也不能走路了。"从医院回来的时候，我脖子上戴着颈托，膝盖受伤，头上顶着一个巨大的鼓包，还遭受了脑震荡。我当时情绪非常低落，想去看看那辆车。昆汀和我大吵了一架，我指责他想杀了我。他勃然大怒，我觉得这也不难理解，因为他觉得自己并没有诚心想要害我。

就这样，两人之间亲密的合作关系产生了永远的裂痕。两人之间的信任被打破，有害冲突产生的影响在这件事发生之后仍持续了多年。昆汀说，这是他人生中最后悔的一件事。他在多年后回忆道："我说服她上了车。我向她保证路是安全的，但我错了。"

在这件事发生之前，两人堪称理想的工作拍档。然而在短短几分钟内，他们就逾越了一条界线，再也无法回头。是什么因素为两人的冲突注入了毒素？昆汀既不是坏人，也没有害人之心。他是一位优秀的导演，对自己的职业充满热情，也具有在好莱坞成事所需的强势个性。然而，也正是这种性格特征，导致了这次冲突的恶化。那天，他的本意并不是表现出盛气凌人的一面，但他的恐惧和愤怒还是飙升到了有害水平，将他本人和乌玛拽入了霸凌陷阱。

在肾上腺素飙升的时刻，每个人都有可能陷入霸凌陷阱。虽然昆汀和乌玛的冲突很棘手，但他们仍可以选择用不同的方式来应对：两人可以向那些认为这辆车不安全的工作人员咨询，或者昆汀也可以先在这条路线上进行试驾。如果两人能够对危险因素进行正确的评估，便肯定会不计代价地安排另一位司机来驾驶。然而，两人已经深陷霸凌陷阱，因此并没有对这些选项进行探讨。那么，什么是霸凌陷阱？其成因又是什么呢？

霸凌行为

有些人从小就被教育要表现得强势；一些人可能会满腔热情地追求某个目标，不惜将挡在成功之路上的任何人或事推到一边；还有一些人可能对某事愤愤不平，在没有时间或能力处理这种情绪时便妄下评论。导致霸凌行为出现的因素有很多，但并非所有霸凌行为都必然会引发霸凌陷阱。

霸凌陷阱指的是在不经意间霸凌他人的情况，行为背后是毒素的驱动。不得不承认，有的时候，我们的确可能成为别人眼里的霸凌者。大多数人都有过陷入霸凌陷阱的经历，霸凌行为一旦展开，便像肥料一样为有害冲突提供养分。

操场上某个霸凌者抢走另一个孩子午餐钱的典型场景并不属于霸凌陷阱的范围。相反，这种陷阱指的是累积起来的毒素引发他人"战或逃"反应的情况，比如，昆汀的做法引发了乌玛的逃跑反应，导致她不愿再进行沟通。其他的例子包括：一位员工的老板在同事面前贬低了他，他选择了辞职，逢人便说前公司的坏话；或是一位老师因学生漏掉了一项作业而对他加以痛斥，给学生的自尊和学业造成了长期且严重的创伤。

霸凌陷阱会出现在压力当头、情绪外露的重压环境下。这是最能导致愤怒、恐惧和自尊飙升到有害水平的条件。例如，一位经理可能会因为团队表现不佳而愤怒，这却让他的形象打了折扣。他不但自尊受挫，因担心受上司批评而倍感压力，还害怕团队的表现会对自己的职业生涯造成影响。这些毒素会让经理直接陷入霸凌陷阱。他虽然不愿表现得像个霸凌者一样，但他可能会通过贬低、威胁或责骂来发泄自己的沮丧之情。这种行为是缺乏领导力的标志，然而遗憾的是，这种行为在商界十分常见。

为什么霸凌于事无补

如果最终有助于工作的完成，那么偶尔做出点儿霸凌行为又有什么关系？我们不能一直对冲突躲躲闪闪。毕竟，敢于面对他人是勇气的象征。

对消除分歧和化解冲突而言，霸凌是一种非常无效的方法。没错，从短期来说，上司的责骂能够让员工在恐惧下更加努力地工作。但正如加利福尼亚大学伯克利分校心理学教授达切尔·凯尔特纳（Dacher Keltner）在研究中发现，这种虐待最终会损害高管的声誉并削弱他们的领导能力；除此之外，还会在同事之间制造压力和焦虑，削弱团队的韧性和创造力，有损团队成员的积极性和绩效。一项针对17个行业中800名经理及员工的调查表明，觉得自己曾在工作中受到过粗鲁对待的员工中，有大约一半的人表示会采取有意降低干劲或工作质量的方式进行报复。在充斥着虐待的工作环境中工作，不但会分散人们的注意力，还会降低工作质量、制造敌意和破坏忠诚度。

霸凌陷阱的主要驱动因素是以愤怒为首的毒素。如果我们在愤怒或沮丧时与别人交谈，这些情绪就会在沟通过程中表现出来。当毒素干扰到我们的沟通能力时，冲突就会恶化，而对方也会感觉自己受到了攻击，进而开启防御机制。这种感知到的攻击会触发我们的生存本能，压倒理性的决策。这虽然有利于我们在野外与美洲狮对峙，但在解决与朋友、家人或同事的微妙问题上却颇具破坏性。除了身体受到直接威胁的情况，在面对其他问题时，我们必须将毒素从冲突中清除出去。

容易落入霸凌陷阱的领导，往往会让人敬而远之。对那些把毒素带入冲突的人，我们因为磨不开面子而不敢指出他们的错误或向其寻求帮助，因此会采取"逃跑"反应。由此带来的结果是，面对能够推动事情发展的健康冲突，我们也同样会避免参与。如果放任不管，这种方式会导致一种有话不说和消极回避的文化，使得问题得不到解决，通用汽车的点火开关问题就是这样的一个实例。

面对霸凌者，我们并非一直逃避，有时也会反击。因为害怕遭到解雇，员工或许不会公然挑战欺负人的老板，却可能采取暗中操控或八卦等"阴招儿"。这种"战斗"反应也会导致团队成员之间相互霸凌。他们会将消极情绪转嫁到别的团队成员身上，落入相互指责的陷阱，而这反过来又会在工作环境中释放更多的毒素，滋生一种充斥着有害冲突的文化。领导者的霸凌行为会导致员工将时间和精力浪费在诋毁领导者和指责同事上，从而无暇为客户利益服务或改善业务。

给予反馈

当领导者想要对团队成员进行反馈时，霸凌陷阱也会产生巨大的负面作用。当飙升到有害水平的愤怒之情触发"战或逃"反应时，杏仁核便会抑制我们理智地理解反馈信息的能力。这会让我们无处寻找解决方案，甚至无法理解霸凌者的观点。霸凌者可能已经气急败坏、脸色发青，但这对解决冲突并无益处，因为对方根本听不懂他想要传达的信息。

没有人愿意拥有坏心情。因此，当给予反馈的过程变成一种霸凌时，对方的防御机制就会启动。被霸凌的一方会对反馈本身和提出反馈的人采取拒绝或忽视的态度，认为我什么也没做错，一定是上司今天心情不好，才把气全撒在我身上。他们也可能会采取投射的方式，把自己的错误归咎于别人的缺陷，认为这不是我的错，我只是想替鲍勃的失误打掩护罢了。不管作何反应，这些人都听不进反馈，反而加大马力开启防御机制，保护自己免受攻击。

给予直接的反馈不仅是每个领导者的重要工作环节，也是形成健康关系的重要因素。领导者给员工提供反馈的例子很能说明问题，但实际上，反馈问题远远不只存在于职场之中，几乎每段人际关系中都存在着霸凌陷阱问题。在霸凌陷阱的阴影下，想要进行有益的冲突，关键就在于消除反馈中的毒素，确保我们自己不会落入这种陷阱。但是话说回来，为什么会有这么多人落入这种陷阱呢？

当我们的愤怒、恐惧和自尊达到有害程度时，霸凌陷阱便会被触发。导致这种情况出现的因素有三种，分别是权威、激情和人格解体[1]。

1. 权威

权威是第一个将愤怒、恐惧和自尊推到有害水平的因素。人们

---

[1] 一种感知觉综合障碍，患者会超脱到身体外观察自己，或感觉到周围的环境是不真实、无意义的，个人的个性或自我意识受到了阻碍或压抑。

常说，绝对的权威会导致腐化。研究表明，这句话说得有道理。即使是富有同情心的人，一旦拥有权威的地位，也有可能落入霸凌陷阱。

在高速发展的公司中，表现出色的个人会被提拔到超出其技能范围的领导职位。深究起来，这种决策有些欠考虑："你在目前的职位上做得很好，虽然你没有接受过任何领导培训，没有任何领导经验，也没有表现出任何领导能力，但我们还是要把你提拔到领导岗位。"虽然没有人真的会把这话说出口，但这样的事实却在不断重演。努力工作、表现出色的人会突然意识到自己无法胜任所处的职位。一些人意识到自己并不具备领导能力，对失败的恐惧会激增到有害的程度，促使他们用攻击性来过度补偿自己在能力上的不足。而另一些人却意识不到自己的能力不足，因为他们在得到晋升时，自尊也膨胀到了有害水平，使他们不愿承认自己的缺点，也不会为提高自己的领导技能而积极采取行动。

由于不懂得领导之道，许多人都选择了"滥用权威"这一最没有含金量的招数。研究表明，拥有凌驾于他人之上的权力时，人们更容易失足落入霸凌陷阱。你想知道权力把人拉进霸凌陷阱的速度有多快吗？1971年著名的斯坦福监狱实验就是一个例子。这项研究最初计划进行两周，但最终只持续了六天就不得不终止。

在这项研究中，参与的学生被随机分配在一个模拟监狱中扮演"囚犯"或"看守"。没过多久，"看守"们就开始滥用权力。他们强迫"囚犯"徒手打扫厕所，连续几个小时做开合跳，禁止他们睡在床上，让他们住在没有垃圾桶的房间里。施虐层层加码，逼得一些"囚犯"歇斯底里地失声痛哭。"看守"和"囚犯"之间的唯一区别只在于之前抛硬币的结果不同，而一旦一部分学生被赋予权力，他们的自尊和愤怒便会飙升到有害水平，让他们陷入霸凌陷阱。

权威容易把人们引向以自我为中心的视角，减少对他人的体恤。美国西北大学2006年的一项研究调查了权力感对个人视角的影响。按照实验要求，参与者要用可洗记号笔在自己额头上写一个大写的字母"E"。那些回忆自己如何对他人行使权力的参与者，更倾向于按照自己的视角写"E"（这样会导致别人看字母"E"时是反着的）。而那些没有回忆这种经历的参与者，更喜欢把字母"E"反过来写，以便让他人读懂。这项实验表明，权力会让人更容易以自我为中心，而不是为他人着想。拥有权威职位的人背负着重担，容易将下属视为实现某些目标的砝码。如果在实现这些目标时遇到困难，以自我为中心的领导者便更有可能任由自己的沮丧演化为毒素，并且往往通过霸凌的形式表现出来。

权力也可以源于财富或资历。研究表明，财富和资历会让自尊飙升到有害水平，从而导致人们做出霸凌行为。加利福尼亚大学尔湾分校的研究人员保罗·皮夫（Paul Piff）和同事达切尔·凯尔特纳（Dachler Keltner）发现，驾驶经济型汽车的司机总会在十字路口给行人让路，但开宝马和奔驰等豪车的司机给行人让路的概率只有54%。

研究表明，在商界，与公司中职位较低的人相比，职权较高的人打断同事、在会议中一心多用、提高嗓门儿，以及在办公室使用侮辱性语言的概率要高出两倍。在亲身体验之前，大多数人都不知道权力会对我们产生怎样的影响；但这些实验表明，如果普通人没有经过足够的训练就被置于权威地位，便很容易陷入霸凌陷阱。

2. 激情

当过于在意某件事的结果时，我们也有可能产生有害的愤怒并陷入霸凌陷阱。这也是昆汀逼迫乌玛亲自驾驶的原因之一。他对自己想要的结果有一个详细的设想，精确到要求她以具体的车速驾驶，好让头发以特定的方式被风吹起。对细节的执着和将愿景变为现实的能力，是促使昆汀成为著名导演的两大性格特征。在这个例子中，他处于执行模式，要努力对抗紧张的预算限制，还打算在日落前完成拍摄，因此在他眼中容不下任何阻碍。

激情削弱了昆汀的决策能力。对错过拍摄这一场戏的机会的恐惧飙升到了有害水平，让他落入了霸凌陷阱。有趣的是，乌玛和昆汀对这件事的回忆是有出入的。多年后，乌玛在接受《纽约时报》（*New York Times*）的记者莫琳·多德（Maureen Dowd）的采访时表示，当昆汀来到拖车前让她亲自开车时，他已是"怒不可遏"。然而，在接受娱乐杂志兼网站"截止日期"（*Deadline*）的采访时，昆汀却是这样回忆的：

当问题上报到我这儿的时候,我肯定翻了个白眼,心里很烦躁。但我绝对没有怒不可遏,也没有暴跳如雷。我没有闯进乌玛的拖车,吼着让她上车。翻白眼倒是有可能……

记忆是件有趣的事情,我们的个人感知会受到情绪状态的影响。我们虽然不可能确切地知道乌玛的拖车里发生了什么,但我们知道,她感觉受到了霸凌,而对方却觉得自己没有施加霸凌。我们也知道,两位当事人都是通情达理的人。正如我之前提到的,有的时候,我们会成为别人眼中的霸凌者。我们不觉得自己是恶霸,当然也不会故意欺负别人,但激情却能把理智之人也拖入霸凌陷阱。

显然,昆汀并不想让乌玛受到伤害,如果觉得有受伤的风险,那么他是绝对不会让她亲自驾驶那辆车的。但是,昆汀的激情过滤掉了那些暗示他应该推迟拍摄的信息。激情、权威和愤怒混合在一起,形成了一种有毒的混合物,把他拉进了霸凌陷阱。

3. 人格解体

如果不把他人视为一个完整的人,我们就很容易放任自己的情绪达到有害的程度。在斯坦福监狱实验中,囚犯们只能用编号而不能用名字来称呼自己。这是一种众所周知的人格解体方法。从最极端的例子来看,研究种族灭绝的研究人员推论,人格解体是导致普通人犯下大规模屠杀罪行的一个主要因素。在纳粹大屠杀期间,纳粹宣传者明白，如果民众不将某个特定种族的成员视为人，而是将其视为动物，便会忽视人性，对他们施虐。

从较小的问题上来说，同样的效应也会发生在日常生活中。有一次，我看到一位交通协管员在司机走向汽车时往挡风玻璃上贴了一张罚单。那位司机大喊道："我真的谢谢你，你这个浑蛋！整我让你特别开心对吧？"这位司机没有把协管员看作一个完整的人，而是把他当成一个单维度的"贴罚单的人"。司机对协管员说话的方式，就仿佛这个人一辈子都穿着那套制服，住在协管员主题的房子里，终日和其他协管员围坐在一起，在闲暇时分享各自给汽车司机开罚单的故事。这种人格解体的观点，让司机的愤怒飙升到了有害水平。司机如果能将对方看作一个完整的人，便能够对这种情绪进行控制。

如果根据他人在我们生活中扮演的有限角色来定义他人，我们就更容易落入霸凌陷阱。我们常常一整天都在以这种人格解体的方式与人沟通，在很多场合都会因各种因素拿出霸凌者的做派，尤其是在重压之下。比如，"路怒症"就是这样一个例子。

在路上，我们通常只会以别人的驾驶方式为切入点看待对方，而不把对方当作完整的个人。很多人都有过在高速公路上被人加塞儿的经历。我承认，我心中也曾经闪现过对其他司机的愤怒，比如：那个浑蛋刚刚加塞儿，他八成是那种会揍自己孩子的人；真希望她撞车；这真是个糟糕的人；这种人是不会有任何朋友的。

喜剧演员路易斯·C.K.（Louis C.K.）有一段表演，讲的就是驾驶如何引出了他最恶毒的一面。他说，在开车的时候，他仿佛拥有了一套截然不同的价值观，摇身一变成了最邪恶的自己。有一次，有位司机临时冲进了他所在的车道，惹得他大吼："嘿，去你的！一文不值的王八蛋！"不过，如果将环境换作车外，你还会有这样的反应吗？如果你在电梯里，某人暂时侵占了你的一些个人空间，你会不会转身对这个人说："嘿，去你的！一文不值的王八蛋！"你当然不会。没有人会那样做。但路易斯表示，当你和另一名司机之间隔着两块玻璃和一些距离的时候，嘴巴就突然没有把门的了。

一旦我们对他人进行了人格解体，愤怒便更容易飙升到有害水平，绝大多数人都能够做出在正常人际交往中不可想象的事情。这就是我们会在社交媒体上看到如此多的愤怒和暴行的原因之一。社交媒体会给人置身事外和匿名发表言论的便利，让人很容易任由有害的愤怒把自己拉进霸凌陷阱，以至人们敢在客厅沙发上敲出永远不会当面对别人说出的恶语。在网上和一位"用户"聊天，和与一个活生生的人聊天有很大的不同（当然，刚给你开了一张停车罚单的人除外）。

在《杀死比尔 2》的拍摄现场，昆汀和乌玛之间的矛盾或许没有涉及人格解体，但一些导演可能只会从职位的视角出发来看待演职人员，不会花功夫了解他们的名字或有关他们的任何信息。这就是人格解体。

规避霸凌陷阱

我们可以使用一些技巧来清除冲突中的毒素,进行有效沟通,避免落入霸凌陷阱。无论我们的交流对象是同事、爱人、商业伙伴还是朋友,都会面对同样的互动模式。你可以采用下面的建议来为情绪排毒。

使用"购物清单语气"

在处理冲突时,一种最有效的工具就是使用"购物清单语气"。我在第一次对一众首席执行官发表如何面对冲突的演讲时,演讲中的两项技能获得了非常积极的反馈,其中之一就是使用"购物清单语气"(另一项是"别对企鹅发火",大家会在后面读到)。使用"购物清单语气"时,对方能在不触发自身防备心的情况下接收到你的信息。

想要找到你的"购物清单语气"其实很简单。想象你的室友、配偶或父母正要去杂货店,问你需不需要带些什么。你想做一个蛋糕,需要一些原料。想一想,你会用什么语气来表达这个物品清单?你会用平和、冷静且不带任何怒气的语气说:"麻烦你买一些鸡蛋、面粉、牛奶、糖、糖霜和装饰糖屑。"这就和给别人指路时的语气一样,人人都用过。

现在想象一下你是一家公司的领导,一个大客户打电话要求终止合同。客户解释说，你的团队成员中一个名叫比尔的出现了失误，造成了巨额损失。不难理解，挂断电话后你一定会生比尔的气。显然，你需要和他谈谈这个问题。关键在于，你是否允许这股怒气在沟通中飙升到有害水平。你可以考虑以下两种可能的传递信息的方式。

第一种，你砰的一声挂断电话，走到比尔的办公桌前，对他大喊道："喂！我刚和客户通完电话！他们说你交付的成果错误百出！他们不得不帮你推翻重改，结果错过了最后期限！他们说，这已经不是你第一次犯错了！所以你猜怎么着？他们跟我们解约了！没错，客户已经跟我们解除了200万美元的订单，都怪你不知道怎么把自己的工作做好！打起精神来，要不然，我就去找一个不会搞丢价值几百万美元订单的人来接替你！"

这种大声的咆哮，几乎可以确保你落入霸凌陷阱。不超过三秒钟，比尔就听不进去了。要么是防御机制开启，让他将注意力集中于思考这件事为什么不是他的错上，要么就是杏仁核关闭了通往大脑思维部分的神经通路，让他无法处理这些信息。

第二种，用"购物清单语气"传达同样的信息，也就是在说话时做到沉着冷静、不动感情。"我刚和客户通完电话。他们说你交付的成果有很多错误，只能帮你推翻重改，结果错过了截止时间。他们还说，这种情况已经不是第一次发生了，他们已经终止了我们之间的合同。这笔200万美元的合作订单已经取消了。"

在这两种方式中，传达的信息本质上是相同的。如果使用第一种方式，比尔在三秒内就会走神，要么是因为大脑化学物质抑制了他处理信息的能力，要么是因为他的防御机制被触发，保护他免受攻击。但如果使用第二种方式，比尔可能觉得这些信息听起来不顺耳，却至少能够听得进去并加以理解。

即使面对最棘手的谈话，采用恰当的语气也足以让你避免落入霸凌陷阱。如果能有意识地采用"购物清单语气"，你便更能集中精力传递信息，方便对方消化和理解。

"购物清单语气"可以清除冲突中的有害情绪。如果能够不带愤怒地进行交流，就没有什么因素能触发对方的防御机制，对方就能够接受你的反馈，集中精力理解信息，而不是找理由忽略你的信息或把责任推到别人身上。对方可能不喜欢你说的话，但至少能听得进去。如果你能传达出这些反馈主要是为对方的利益着想的信号，便更可能赢得对方的感激："比尔，我想让你清楚类似的错误会对客户关系产生怎样的影响，以便让你在工作中取得成功，避免将来出现同样的情况。"

回到《杀死比尔2》的拍摄现场，如果昆汀遵循了这个原则，事态便可能向截然不同的方向发展。如果他能在去乌玛拖车的路上暂停一会儿，放下手头的事情，集中精力调动"购物清单语气"，或许他就能用一种不会让对方不愿回应的方式进行沟通，这样一来，两人便可以通过沟通探讨其他选择。

除此之外，我还有一个建议：在不得不给出严厉反馈的时候，请抓住机会凸显对方的价值所在——

"比尔，这个错误的确很糟糕，但不代表你是个糟糕的人。你脑子好使，很有能力，而且前途无量。我希望你能把这件事当成一次成长的机会。六个月后，大家在进行回顾时会说：'哎呀，他当时犯了个大错，但从那以后，他就变成了明星员工，不但交付成果保质准时，而且工作态度也很积极。我真期待日后再次跟他合作。'"

如果把失误当作成长的机会，事态就会有所扭转。如果我们能从提供支持的角度出发进行交流，便能中和有害的情绪，避免陷入霸凌陷阱。

在搞砸之前自我审视

权力和权威都能让人在不知不觉间表现出霸凌行为，因此，不妨试着通过自我审视来防止这种情况发生。与受制于你的权威的人沟通时，请留意这种伴随权力而产生的情绪。这些情绪可以达到有害程度，引出粗暴无礼的行为。如果能对这些感受进行监控并贴上标签，我们就能消除它们产生的影响，也能对行为加以约束。在感到心烦意乱时（比如团队中有人犯下了代价高昂的错误），花点儿时间去留心我们的愤怒情绪，这样一来，我们就不太可能陷入霸凌陷阱了。

定期抽出时间进行冥想和自我反省，能够增强自我审视能力。你可以选择简单的方法，只需每天花几分钟用舒服的姿势坐着，专注于呼吸即可。正念的技巧也有很多，在网上随便搜搜，你就能找到相关的教学视频、文章和书籍。（每天练习正念的好处远不只为冲突排毒，所以多看无害。）

如果想要对权力引发的行为加以控制，一点儿谦虚之心便能发挥巨大的作用，而这种谦虚也可以通过感恩和慷慨之心来培养。如果你的权威地位是通过努力工作得到的，那么恭喜你，这是你应得的成绩。但与此同时，你也应该感谢让你走到这一步的机会，以及一路走来与你共事的同事。养成经常表达感激的习惯，不要有所保留。想要做到时常道谢，你可以发送邮件表达感激之情，也可以公开对他人的贡献表示认可。这些小小的行为不仅有助于改善大家的工作表现和组织文化，还能遏制权力和权威造成的有害影响。

不要发泄怒气

失败可能在毫无预警的情况下突然出现，而且无论我们平日里采取怎样的防御措施，毒素都有可能渗入我们的沟通之中。有的时候，我们的团队成员会犯下代价高昂的错误，作为正常人，我们自然会产生愤怒的情绪。然而在给予纠偏反馈的时候，宣泄愤怒并不是力量的表现，而是说明我们无法控制自己的情绪，意味着软弱。关键在于，我们是选择主动控制自己的愤怒还是任由愤怒控制我们。选择的结果，决定了我们能否拿出有效的领导力，也意味着我们是否会陷入霸凌陷阱。

给出反馈时，请遵循一条明确的原则：不要发泄怒气。对你来说，带着情绪对别人大肆抨击可能是一种宣泄方式，但这种做法不能使双方受益。你的确能够释放怒气，但只是把这股怒气倾倒在别人身上而已。这种做法似乎符合某种"天理"，因为让造成问题的人背负你的愤怒，看起来的确没有什么不妥。但是，这不是给予反馈，而只是一味地抨击。如果你怒不可遏，那就需要在给出反馈之前处理好自己的愤怒，这样一来，你就不会深陷情绪化的泥沼之中。这些有害的情绪毒素，必须从沟通中清除出去。

你可能会因为团队中有人搞砸了新客户的一笔大订单而气恼。但如果冲到那个人面前对他严加责备，你只会落入霸凌陷阱。激情和权威都可能导致我们陷入霸凌陷阱，所以你需要抵抗这两股力量。你会有一股难以克制的冲动，想要立即给出反馈。即便如此，你仍要经受住"诱惑"。

如果情况可以稍缓一缓，那就最好睡一觉，让怒气散去再去解决问题。如果事态比较紧迫，那就想办法先冷静下来。如果你有条件锻炼、跑步、写日记或冥想，那就更好了。你也可以尝试捶打枕头或快步走。我敢说，你肯定有过在怒不可遏时让自己平静下来的体验，因此，你也可以借鉴之前的有效方法。如果你只有几分钟的时间，那就缓慢、深沉、有意识地呼吸几分钟。总之，尽可能地把你的情绪搁置到一边，缓和暴躁的情绪。

化解愤怒，中和这种情绪对沟通带来的有害影响。想要衡量你做得是否到位，在提供反馈之前用"购物清单语气"进行预演沟通，不失为一个好方法。如果在预演时不能保持这种语气，那就说明你还没有准备好。如果这样，你可以挤一挤压力球，从十倒数到一，或者尝试任何可以释放压力的事情。一旦能用"购物清单语气"完整地传达信息，就说明你做好了给予反馈的准备。

梳理信息

愤怒会影响我们清晰沟通的能力。盛怒之下，我们会在还不清楚想要传达的具体信息时就开始沟通。换句话说，愤怒会导致我们轻率行事。

如果你的目的是给予反馈，那就务必先在心中明确你想通过反馈达成的目标。比如，对方需要明白自己行为的后果，这样才能采取纠正措施，避免类似的问题继续发生。厘清思路有助于清除愤怒中的毒素，让你的信息更有条理。如果愤怒感依然强烈，那就尝试用另一种快速呼吸法来平复心情，然后再次试着明确目标。你或许想让对方取得进步，或许想让对方变得更善解人意。无论目标是什么，对信息加以梳理都有助于沟通的展开。

将对方视为完整的人

一个有效抵抗人格解体的策略就是将对方视为完整的人。在坐下来与对方一起处理失误之前，先花上几分钟的时间，思考你们之间的共同点。你们有什么共同的兴趣、目标和背景？另外，也请思考对方平日里是怎么度过一天的。他们是否与别人同住？他们订婚了吗，结婚了吗？他们会在每天早晨上班的路上把孩子送到学校吗？这样一个简单的练习，可以拓宽你的视野，帮助你把对方当成一个完整的人，而不是一个犯了错误的单维度角色。

如果你打算和对方进行面对面的交谈，那么在开始之前，努力注意对方的五至十个小细节。这种做法还附带一个好处，那就是让你积极做一些事情，从而在谈话中避免囿于自己的视角。

在展开一场艰难的谈话之前，你可以向自己提出的一个最重要的问题是："对方有怎样的愿望？"然后问问自己："我何时也有过同样的愿望？"

总体来看，人们在生活中想要的东西大同小异。我们想要感到安全、被爱、有价值、被关心和自豪。我们想要成功，想要沟通，想要健康常在。花点儿时间站在对方的角度来审视冲突，问问自己，对方希望得到什么，你在何时也有过同样的心愿。在开始对话之前，先凸显你们人性中的共同点。

如果你们选择用打电话的形式沟通，那就找一张对方的照片。在拨通电话之前，试着酝酿一种彼此相连的感觉。只用60秒的时间，你能了解到对方的哪些信息？只需轻点几下鼠标，大量信息就会出现在你的眼前。

想象一下，如果昆汀能在去乌玛拖车的路上为她思考，事情会出现怎样的转机：乌玛想要得到安全感，这一点我也能理解，我们都有过渴望安全感的时刻。昆汀只需要花上几分钟的时间思考对方的需求，建立一些同理心，在展开谈话之前缓和这种有害的愤怒即可。在交流的过程中，乌玛对安全感的需求和昆汀对拍摄这场戏的需求应被放在同等重要的地位，而不该让昆汀的需求凌驾于对方的需求之上。

面对霸凌者

我们在上文中介绍的是，当你扮演霸凌一方时该如何避免落入霸凌陷阱。然而，面对霸凌者，我们又该如何应对呢？这部分内容将为大家介绍一些措施，帮助大家有效应对霸凌行为。

回到《杀死比尔2》的拍摄现场，除了让乌玛亲自上阵，本来还有其他的选择。但两个人已经身陷霸凌陷阱，无暇探索这些选择。对超出预算的担忧，再加上时间紧迫，让昆汀产生了有害的愤怒，并且把愤怒指向了乌玛（战斗反应）。而面对昆汀的猛烈袭击，本来不敢驾驶有安全隐患的汽车的乌玛选择了在压力下屈服（逃跑反应）。

在遭受霸凌的时候，我们自然会产生有害的愤怒。这种愤怒会引发战斗反应，导致冲突升级，抑或引发逃跑反应。此时，心中生出的恐惧会让我们选择退缩和关闭心门，以求挺过这场狂风暴雨。然而通常来说，我们可以冷静地让对方意识到我们的不安，从而让冲突得到一定程度的缓和。这不失为一个使用"购物清单语气"沟通的好机会，乌玛当时可以这样说："我知道你想用你既定的方法拍这场戏，但我觉得不安全。一个工作人员告诉我，这辆车存在安全隐患。我们至少可以考虑一下另一种选择吧？"

冷静的回应有助于防止情绪毒素激化冲突。这种回应可以将对方的愤怒降低到无害的程度，避免让双方落入霸凌陷阱。用冷静平稳的语气回应愤怒并非易事，但这是一种熟能生巧的技能，通过学习大家都可以掌握。

如果能在预判到霸凌陷阱时选择绕道而行，你就能打破自己的本能反应，化解有害冲突。下次遭遇霸凌行为时，告诉自己："哦，这就是我在书上读到的霸凌陷阱。"形成这种认知只需花不到一秒钟的时间，却足以阻断你的本能反应。这时，你就能自由选择应对方式，而不是任由你的杏仁核自动触发"战或逃"的应激反应。

一旦形成了这种认知，我们就可以对霸凌者做出合理的推断。也许对方是个好人，没有伤害我们的意图；抑或对方只是在发泄情绪而已。我们可以冷静地做出回应，在冲突升级之前踩下刹车，避免落入霸凌陷阱：

> 我不觉得你的本意是要攻击我，但你的语气却让我有被人攻击的感觉。我重视你的反馈，如果我做错了什么事，那么承担责任是应该的。我想听听你的意见，这样我才能吸取教训，但你用这种语气说话，我很难听进去。

说这种话的时候，务必要使用"购物清单语气"，冷静的语气至关重要。单纯陈述事实和传达信息，不要激动，语气要冷静、清晰、准确。起初这并不容易，但我经常听到有人说，稍加练习就能很轻松地掌握这个技巧。

我们总有选择的自由

最近，我在密歇根大学罗斯商学院的私募股权课上做了一场客座演讲。课上的大多数学生即将毕业，准备在华尔街的投资银行和私募股权公司展开职业生涯。这些都是令人垂涎的工作，有着丰厚的薪酬和令人羡慕的福利，但众所周知，在这样的工作环境中，霸凌现象很常见。一些学生对问题的关注点在于：应该如何应付欺负人的上司。他们听到了一些传言，感到惴惴不安（这也能理解）。华尔街并不是一个鸟语花香、悠闲惬意的地方，那里充斥着野心勃勃、争强好胜之人，激烈的竞争和严苛的批评比比皆是。

在分享了上面提到的一些策略之后，我给出了我的"撒手锏"：脸皮厚一些。自己能改变华尔街环境的想法并不现实，如果他们担心自己无法在这种文化中得到卓越的发展，那就应该思考这是不是一条正确的职业道路。

归根结底，我们总有选择的自由。如果你不是鲨鱼，就不要和鲨鱼一起游泳；如果你讨厌鲜血，那就别当外科医生；如果你恐高，就不要给摩天大楼擦窗户。我们无法时时控制自己身处的环境，但关于自己想要处于怎样的处境，我们还是很有话语权的。另外，在面对那些拒绝做出改变的人时，我们也可以选择做出怎样的应对，这就是第七章的重点。

在尝试了这些工具之后，如果对方仍然对你颐指气使，那就得出结论：这个人是不可能改变的。如果你多次尝试，但对方仍不愿意对你表现出尊重，那就接受这个事实，停止反抗。这样一来，你就可以针对接下来如何回应做出明智的决定。最终的决定当然要视具体情况而定。但现在的你已经能够根据理性分析来选择如何应对，而不是采取诉诸本能的反应，这才是最关键的。

这些工具将会帮助你应对霸凌陷阱。在下面的内容中，我们将会探讨这些工具如何运用于其他的陷阱。然而在莫卡姆法官的法庭上，眼看就要犯下严重错误的我，需要的却是一套截然不同的应对方法。当时的我深深陷入了冲突的第二种陷阱——必胜陷阱……

洞悉霸凌陷阱

◎ **并非所有霸凌行为都是陷阱**

霸凌陷阱指有害的愤怒、恐惧或自尊导致出现霸凌行为的情况,这种行为会在不经意间导致冲突恶化,或是在本不存在有害冲突的情况下制造有害冲突。

◎ **霸凌陷阱发生在高压环境下**

霸凌陷阱出现在高压环境下,这时压力当头,我们的情绪狂放外露。这些都是最能导致愤怒、恐惧和自尊飙升到有害水平的条件。由这种情况引发的行为,会在不经意间激发他人"战或逃"的反应。

◎ **滋生毒素的三个因素**

以下这些因素通常会导致有害的愤怒、恐惧和自尊,将我们拖进霸凌陷阱。

· **权威**:处于权威地位时,即使是富有同情心的人也会陷入霸凌陷阱。身居要位的人更容易以自我为中心来看待问题,不那么体恤他人,且更容易用霸凌行为对待他人。

· **激情**:有的时候,我们的激情会被别人视为咄咄逼人,让我们有可能成为别人眼中的霸凌者。

· **人格解体**:如果仅仅拿别人在我们生活中扮演的角色看待对方,我们便容易陷入霸凌陷阱。

◎ **霸凌陷阱会造成严重的破坏**

霸凌会切断沟通的渠道。在工作场所,霸凌助长了背后诋毁和暗中操控的行为,还会导致更严重的霸凌,消耗本应投入正向发展的精力。原本能起到积极作用的反馈也会因霸凌而变味儿。

克服霸凌陷阱的工具

◎ "购物清单语气"

用一种沉着冷静、理性的语气来清除沟通中的毒素,仿佛你只是在告诉朋友让他们到商店帮你买什么东西。

◎ 不要发泄怒气

永远不要通过反馈来抨击他人(这是软弱而非强大的表现)。在给予反馈之前,先处理好自己的愤怒情绪。控制情绪,不要让自己被情绪控制。

◎ 强调对方的价值

在给出负面的反馈时,抓住机会强调对方的价值。

◎ 梳理信息

在传递信息之前先明确沟通的目的。这样做可以消除毒素,让交流变得更加顺畅。

◎ 将对方视为完整的人

沟通前先花几分钟时间思考你们的共同点。

◎ 面对霸凌者

以上所有工具对被霸凌者同样有效。

第三章

必胜陷阱

第三章 | 必胜陷阱

当我走进莫卡姆法官的法庭时，世界上唯一的声音就是我的心脏在胸膛里怦怦直跳和充满肾上腺素的血液在血管中涌动的声音。我的所有感官都被调动起来，做好了迎接战斗的准备。我为之努力多年的时刻终于来临了。这是我证明自己、伸张正义、为委托人履行职责的机会，也是我获得成功的契机。然而当时的我还没有意识到，自己即将步入冲突的第二种陷阱，也就是必胜陷阱。

虽然那已是二十五年前的事，但我仍然记忆犹新，仿佛是今早才发生的事。案子很简单：我的委托人菲奥娜是一位有三个孩子的单亲母亲，一天，一辆公共汽车突然转入她的车道，把她连人带车撞离道路，碰到了一根电线杆上，而这辆公共汽车却停都没停。这场事故导致菲奥娜残疾，未来她还要面临多次的手术及持续的病痛折磨。

接手菲奥娜的案子后，我殚精竭虑地进行准备工作。我调取了监控记录，让证人宣誓做证，甚至查到了事故当天的那辆公交车，寻找菲奥娜的车留下的油漆痕迹，但这只是一条死路（这种公交车上到处都是划痕）。公交公司否认发生过事故，司机做证说他不记得那天有任何异常。他们请了市里最大的一家律师事务所的团队，在财力、律师和资源上都要胜过我们。而我们只有委托人的证词，在"武器"上处于劣势,情况并不乐观。而就在走投无路之时,我发现了铁证。

在公交公司甩给我的数千页文件中,有一份事故发生当天的驾驶日志,是由那位公交车司机亲笔写的。执笔人的情绪在字迹上表露无遗。那天,这位司机被临时叫去顶替一位生病的同事,他的言语之间全是愤怒。在这篇日志的上方用超大字号写着"今天本来是我的休息日!!!",下笔的力度几乎要把纸张戳破。在正文部分,他潦草地写道:"这条线路人满为患,乘客非常吵闹!"

还有这么一句话:"调度员通知,我必须全速前进,回到车站。"最后一次记录是在事故发生前的六分钟,而日志也证实,在我的委托人被撞出马路的时间点,公交车恰好就在事故发生地点。这样一来,陪审团就不必只听我的委托人的空口证言了。公交公司的记录证明,在事故发生的时间和地点,这辆车上挤满了吵闹的乘客,而坐在驾驶位上的是一名心烦意乱、怒气冲冲的司机,且刚刚收到"全速前进"的指令。我怒视着眼前的那份日志,对这家掩盖事实且拒绝承担事故责任的公司感到恼怒和愤慨。他们怎么敢认为自己能逍遥法外?

自从接手这个案子以来,我第一次有了必胜的信心。

我的计划是静观其变,先让公交车司机站在证人席上当着陪审团的面否认事故的发生。一旦他中了我的圈套,我就会把那篇日志摆在他的眼前,享受许多律师梦寐以求的"荣耀时刻"。

就这样,我来到了莫卡姆法官的法庭上,做好了将对手打得落花流水的准备。但当时的我并不知道，一件发生在三十多年前的事情，将会对接下来三十分钟的庭审产生巨大的影响。

1964年，克劳迪娅·豪斯·莫卡姆（Claudia House Morcum）还不是法官。那时的她是一名年轻的非裔美国律师，与一群同样年轻的律师来到密西西比州，维护与当地执法部门产生矛盾的民权工作者的权利。那批民权工作者在密西西比州为黑人登记投票，但当地的治安官对他们并不友善。那年初夏，当地警方编造了一起子虚乌有的超速违章事件，以此为由逮捕了三名民权工作者，而这些人再也没有活着回来。

当时，我的父亲是当时与莫卡姆同赴密西西比州的年轻律师之一，在那充满着重压的极端环境之中，两人建立了密切的关系。

三十年后，在莫卡姆法官的法庭上，我一心只想打得对手满地找牙，对她与我父亲的共同经历一无所知。而这，或许就是她不想让我落入必胜陷阱的主要原因。

像所有尽职的法官一样，莫卡姆法官将律师叫到她的办公室，看看我们能否在挑选陪审团之前达成和解。与我单独谈话时，她说我的证据不够有力，应该接受公交公司提出的和解条件。我给她露了底牌，让她看了那份日志，但嘱咐她不要告诉对方律师我手中的证据。她看了一遍，然后把另一个律师叫回她的办公室：

莫卡姆法官：你得提高你的出价。

辩护律师：但是法官大人，我觉得这起事故根本没发生过。

莫卡姆法官：但我认为确有此事，而且我认为，他会说服陪审团相信确有此事。

然后，她向这位律师施压，我从未见过一位法官如此对律师施加压力。谈话期间，她还一度拿起电话问这位律师："你需要我打电话给你的委托人，让他给你更大的权限吗？"最终，他们将先前的出价提高了十倍以上。

我得意地向后一倚，说："按照要求，我会把报价转达给我的委托人，但这个数字还不够。"莫卡姆法官把另一位律师请了出去。现在，轮到我"受审"了。

莫卡姆法官：你到底在干什么？

我：法官大人，他们伤害了我的委托人。他们撒了谎，掩盖了真相，现在，他们以为多给她扔点儿小钱就能逃脱惩罚？！不，我能打赢这场官司。我要揭露这件事的不公，揭露他们的真面目。

莫卡姆法官（缓缓摇摇头）：我不需要你来告诉我什么是不公，年轻人。他们给你的委托人开出了她做梦都想不到的高价，这笔钱能改变她和孩子们的生活。你却要拿这个作为赌注，跟他们对簿公堂？你的工作就是为你的委托人争取到最好的结果。我告诉你，这个目的你已经达到了。

我意识到我已在这场冲突中失去了理智。我一心只想在法庭上获胜，竟然不愿考虑如此划算的和解条件。除了百分之百的胜利，我不愿接受任何条件。没错，我有日志在手，但是，庭审期间什么事都可能发生。选择在那时拒绝对方的和解提议，这个鲁莽的决定可能会害得我的委托人空手而归。我放任自尊和愤怒达到了有害的程度，竟然把自己对胜利的需求置于客户的需求之上。幸运的是，莫卡姆法官选择对我（和我的委托人）出手相救。

这个故事给我的一个教训在于，情绪会让冲突变成毫无意义甚至具有破坏性的争斗。我们容易将愤怒或自以为是的心态作为出发点，自认为强大无比。而讽刺的是，这些情绪可能是我们最大的弱点。愤怒和自负有可能飙升到有害水平，把我们拉进非赢不可的陷阱。一旦陷入这个陷阱，我们便很容易忘记自己真正的目标，被打败对手的欲望蒙蔽双眼。

必胜的偏执

在冲突中，当获胜的欲望掩盖了更重要的目标时，陷阱便随之形成。如果优先考虑短期的胜利，而忘却了最初促使我们投身于处理冲突的主要目标，我们就会偏离通往更大成功的正轨。

想象一下，你正急着去杂货店买一些鲜奶油，想抢在朋友们来赴伴侣生日宴会之前回家。突然，一辆车插到你前面，"抢"了你的停车位。如果你仍能专注于赶紧回家制作美味的草莓奶油酥饼，那可真是值得赞叹。但如果你让引擎空转，等着那位司机下车时和他对峙，你就陷入了必胜陷阱。

说服对方回到车里、把车位让给你，或是让对方承认错误（这两种情况发生的概率都很低），这些都是理想的情形。但在现实中，时间无情地流逝，你的朋友们都陆续到达，却没看到你的踪影。为了在这场争夺停车位的愚蠢冲突中获胜，必胜的执念会让你把来超市的首要目标抛之脑后。这就是陷阱的危害所在。

一名曲棍球运动员被犯规的对手冒犯，便在下一场比赛中故意报复，招致处罚，拖累了球队。这位球员陷入了必胜陷阱，因为与某人的小冲突，分散了理应用在赢得比赛的大目标上的精力。当一名政治家在辩论中把大部分时间用来为自己辩护，而不是解决选举中的关键问题时，他也陷入了同样的陷阱。

让人一步步走向必胜陷阱的道路，一开始看似毫无危险。在事情的开端，我们可能只是想要实现某个具体的目标（比如去商店买东西）。在路上，我们遇到了一个实现目标途中必须克服的障碍（在拥挤的停车场找到一个停车位）。然后在某个时刻，天平的平衡被打破，克服障碍已不仅仅是实现原始目标的一环，更成了你关注的主要目标（与陌生人争夺停车位）。

如果把在短期冲突中获胜视为主要目标，我们就不会再寻找完成原始任务的其他途径。为了赢得这场停车位大战，把买鲜奶油的目标退居次位。即使有更好的选择出现，在获胜的需求驱使下，我们也很可能会对其视而不见（因此，就算有更近的停车位空出，我们也不会把车停在那里），这时的我们已然落入陷阱。我们的情绪把冲突激化到有害的程度，让我们把时间耗在"你我对立"的心态上。而这些都会让化解冲突变得难上加难。

我们一不小心就会过度专注于在冲突中获胜，而忽略了这场冲突背后的更大目标。这就是我们在拥挤的停车场里的经历，也是我在莫卡姆法官的法庭上的经历。想要打赢官司的欲望几乎蒙蔽了我的双眼，让我差点儿对优渥的和解条件视若无睹。有了这样的和解条件，我为委托人争取的首要目标便可一蹴而就。

但是，一开始鼓励我争取到和解协议的驱动因素，不就是想要打赢官司的欲望吗？这件事抛给了我们一个需要审慎考虑的重要问题，即如何一边竞争求胜，一边避免让情绪阻碍大局。

争强好胜不是好事吗？

竞争是冲突的一种形式，就像所有冲突一样，竞争可以是健康的，也可以是有害的。竞争可以推动创新、生产力发展和人类进步的巨大动力，但其也会分散我们对目标的专注力。

从一定程度来说，竞争冲突的好与坏取决于环境。例如，绿湾包装工橄榄球队的安全卫阿德里安·阿莫斯（Adrian Amos）于

2020年在社交媒体上表示:"我不在乎咱们是打黑桃王扑克[1]还是玩2对2篮球比赛。如果你到了我们队,我们输了比赛,而你却觉得'这只是一场游戏',那我就再也不会和你一起打比赛了。"在他的教练和队友看来,这种对获胜的痴迷是一种健康的心态,对一心想要赢得比赛的美国国家橄榄球球队来说,事实的确如此。但若是在感恩节餐桌上带着同样的心态讨论政治,便可能把过节的氛围搅黄了。

想要确定冲突是否有成效,就要考虑最终目标是什么。在球场上,我们的目标是赢得比赛,因此极度争强好胜的心态并非有害,反而有益。然而在餐桌上,我们的目标是与所爱的人建立联系,一起享受美好的时光,如果因双方政治意见有分歧而非要争个高下,只会适得其反。

想要判断某人是否陷入了必胜陷阱,了解此人的最终目标至关重要。这个教训是我在多年前代表一家公司参与一个复杂诉讼案时学到的。这是一起错综复杂的商业诉讼案(律师们称之为"商业离婚"),牵扯多个原告和被告,多项交叉索赔、反诉和指控交织成一个由各种冲突组成的令人眼花缭乱的网络。诉讼的起因是一台价值数百万美元的机器的安装出了问题,在运行期间,需要机器最大限度地减少震动,原因是……谁在乎呢?总而言之,交易搞砸了,各方都请了律师。

---

[1] 黑桃王扑克是一种扑克牌游戏,与桥牌类似。玩游戏时面对面而坐的两位玩家结成联盟,另外两位玩家也结成联盟。

我虽然能从技术层面了解每一项索赔，却不明白这场争议为什么会发生。纷争的目的是什么？从整件事的全局来看，答案并不明显；从商业角度来看，这场争议早该在庭下解决，这样就不必闹上法庭了。那么，到底是什么引发了这场冲突呢？

我打电话给我的委托人伯特，告诉他我不明白为什么没有早点儿达成和解。

"我知道你为什么会觉得困惑。"他在电话那头说，听起来像是在微笑。然后，他聊到了米尔顿，也就是那个发起诉讼的人（不知为什么，他还聊起了高尔夫球）：

"我喜欢打高尔夫球，怎么打也打不够。我不太喜欢乡村俱乐部的那群人，但我也是会员之一，因为那儿有个很棒的高尔夫球场。诉讼之于米尔顿，就像高尔夫球之于我。这对他来说就是一项运动。他经常起诉别人，其中有合作了二十五年的商业伙伴，有他的邻居，甚至连亲兄弟他也不放过！我和米尔顿做了很多年生意，我猜，这次轮到我被起诉了。"

一瞬间，这个案子的一切都说得通了。米尔顿有一种非赢不可的需求，这个需求每时每刻都存在。更糟糕的是，米尔顿需要通过斗争来取得胜利。如果对方不想参战而选择拱手投降，他是没有满足感的。米尔顿就是一些人口中招人讨厌的"惹事精"。实际上，我觉得任何人都会这么称呼他。

或许你也遇到过像米尔顿一样的人，冲突与这些人如影随形，就像蜜蜂围着花朵打转一样。和米尔顿这种人打交道非常耗费精力。他们遇事便会争论，从不在任何一个问题上让步，他们与别人交流沟通时会给对方造成巨大的压力。对米尔顿这类人而言，获胜要比快乐更重要。米尔顿已经是个75岁的老人了，处于这样一个人生阶段，任何希望他会突然决定洗心革面、重拾理性的幻想都不切实际。他的主要目标就是在法庭上血战一场并赢得胜利。（在本章的后面，我将提供一些如何与米尔顿这类人打交道的策略。）

如果获胜是你的最终目标，那你就不算陷入了必胜陷阱（即使你的目标和米尔顿一样狭隘）。在这种情况下，你只是争强好胜而已。只有当打败别人的欲望让你偏离了主要目标时，问题才会产生。这就是产生必胜陷阱的根源。

如果我的委托人向莫卡姆法官提起诉讼的最终目的是让公交公司对其欺骗行为负责，那么我们就会要求公交公司公开道歉。在这种情况下，接受和解条件就会违背诉讼的目的。但是，我的委托人的最终目标并不是要证明公交公司有错，而是要求他们承担医疗费用并为伤员提供补偿。正因如此，我才将拒绝接受被告方出价的事例归入必胜陷阱之列。

在不成功誓不罢休方面，迈克尔·乔丹（Michael Jordan）堪称最著名的例子之一。时至今日，他仍被许多人视为篮球历史上最优秀的篮球运动员［勒布朗（LeBron James）的球迷们，请别动气］。乔丹生来就有过人的禀赋，但如果没有对胜利坚定不移的信念，他永远也不会取得现在的成就。乔丹几乎比任何球员都努力，也几乎比所有球员对自己的要求都严苛，并且对自己的球队施以同样的高标准。众所周知，在训练和比赛中，他对队友的要求极其苛刻。在2020年的纪录片《最后的舞动》(*The Last Dance*)中，乔丹谈到由于他对待队友的方式，人们将他视为"暴君"。他承认，对胜利坚定不移的追求影响了他此后几十年的人际关系。乔丹强忍着眼泪，声音哽咽却毫无歉意地解释说："这就是我打球的方式。我的心态就是这样。如果你不想这么打，那就别勉强。"与米尔顿不同的是，痴迷胜利对人际关系造成的长期影响，明显让乔丹扼腕叹息。但归根结底，乔丹的目标是赢球，所以他并未陷入必胜陷阱。他所做的一切都服务于自己的最终目标，即使这意味着他显得极其争强好胜。

竞争可以激励员工更加努力地工作。然而，当竞争从一种健康且充满乐趣的驱动力转变为一种强迫心态时，它就会造成有害的影响。这样的竞争会破坏团队合作，导致同事之间互相拆台。当天平的平衡被打破时，人们就会陷入必胜陷阱，任由对获胜的需求凌驾于自己的首要目标之上。让我们看看导致人们陷入必胜陷阱的毒素有哪些。

非赢不可的驱动因素

想要最有效地阐述如何避免必胜陷阱，就要说明这个陷阱的运作机制，以及为何我们这么容易落入其中。导致陷入必胜陷阱的两种毒素分别是自尊和沉没成本。让我们逐个分析并研究这两种毒素的来源及其容易失控的原因。

自尊

必胜陷阱的第一个驱动因素是自尊。过度的自尊往往会带来消极的影响，如任性或者自私自利的心态。但实际上，自尊包括积极和消极两个方面。从积极的方面来看，自尊中包含的"自我"指的是一种坚定且健康的自我意识。人人都拥有自尊。当我们在某些领域获胜时，自尊会让我们更加相信自己，也就是说，胜利可以让我们建立自信。

然而，如果自尊使我们将胜利视为一种身份的象征，而不是单纯的事件时，问题便会随之而来。获胜时，你便成了所谓的"赢家"。胜利不仅是你做的事情，而且还成了你的一部分。自尊的概念并不局限于人类。在其他物种中，无论是黑猩猩、羚羊还是甲虫，冲突之中的胜利者都会挺起胸膛，昂首阔步，表现出快乐和自信的样子（没错，甲虫也会昂首阔步）。虽然我们没有办法知道这些物种的所想和所感，但这种姿态看起来和高度自尊没什么差别。然而，不能因为某些东西存在于自然界，就认为它必然是健康有益的。

在商业环境和私人生活中，用双方都同意的解决方案来解决争端往往是明智的做法。然而，这种方法有时会让人感觉软弱。如果解决方案要求我们在自己坚决捍卫的观点上做出让步，那就更是如此。屈服如同是对自尊的一种打击，也是对我们身份的一种打击。成功者不会迁就，而会为获胜不惜付出一切代价。如果能强迫别人屈从于我们的意愿，而不是满足对方的需求，我们的自尊便会得到更大的满足。这种需求背后的驱动力是情感，而不是理智。

在美国前总统特朗普的教育部部长提名听证会上，有人要求贝齐·德沃斯（Betsy DeVos）宣布学校禁止携带枪支入内。而她并不想给枪支管制倡导者提供任何可在辩论中使用的"弹药"（对不起，在这儿我忍不住用了双关语），因此她回答，学校需要枪支来应对灰熊袭击。这一言论荒谬至极，我敢肯定，话一出口，她马上就后悔了。然而，自尊却从中作祟，让她不愿改口。她从未撤回过这句发言，而这句话不仅成了每个深夜脱口秀节目的精彩片段，还成了媒体炮轰的焦点。媒体借此对她的资历提出质疑。对于那些但愿从未说出口的言论，我们倾向于坚守不放，原因就在于这种自尊。我们害怕显得软弱，因此不想让步。讽刺的是，这种固执反而会成为我们的弱点。与贝齐·德沃斯进行辩论的人可能一直会拿这句话作为进攻的靶子，把她逼入必胜陷阱，迫使她开启防御模式。

当自尊达到有害程度时，由于害怕让别人看到我们软弱的样子，我们会对自己犯下的明显错误一再坚守，或是对低效的行为执迷不悟。如此一来，我们便会落入必胜陷阱。这就是贝齐·德沃斯所犯的错误：过度的自尊让她选择坚持自己荒谬的言论，并拒绝纠正错误，拒绝展开更有效的对话。

当自尊成为滋养我们"赢家"身份的养分时，它也同样有害无益。在莫卡姆法官的例子中，我的自信让自尊得到了满足，并且驱使我倾尽全力打赢官司。这又进一步增强了我自以为是的感觉，让我自告奋勇地扮演起揭露公交公司谎言的英雄角色。当然，这并不是我的职责。正如莫卡姆法官指出的，我的目标是尽可能为委托人争取到满意的结果。在有害自尊的驱使下，我不愿接受公交公司的和解方案，然而事实是，对我的委托人来说，接受和解才是更好的选择。

沉没成本谬误

必胜陷阱的第二个主要驱动因素来自"沉没成本"。"沉没成本"是指已经付出且不可收回的成本。心理学家将为了收回之前投入的成本而对某种行为执迷不悟的现象称为"沉没成本谬误"。研究表明，投入了时间、金钱、努力或其他资源的事物会让人更难放弃。

例如，如果在餐馆点了太多食物，我们可能会为了"吃回成本"而过量饮食（在这一点上，我也感到非常惭愧）。同理，为演唱会门票砸下重金的人，即使在活动当天感冒，也可能会在暴风雪中驱车几个小时赶到现场，还非要强迫自己玩得尽兴，证明购买门票的最初投资是值得的。由此可以看出，哪怕原计划变得不再有用，沉没成本还是会驱使我们坚守原计划。原因就在于，我们觉得自己已经走了这么远，现在放弃太可惜了。

当我们把沉没成本谬误应用于人际交往时，便会产生有害冲突。前不久，我和朋友布莱恩共进午餐时，他点了一个不加番茄的汉堡。看到端上桌的汉堡里夹着番茄，他便把番茄拿了出来。过了一会儿，服务员问我们是否一切都好，布莱恩回答说汉堡很美味，但是有一个问题——他一边指着丢在盘子里的番茄，一边解释他点的是不加番茄的汉堡。

"你没说'不加番茄'，"服务员回答，"不然我会记得的。"

"我绝对说不加番茄了，"布莱恩表示，"因为我这一辈子都是这样点汉堡的。"

他们你一言我一语，气氛越发紧张。随着时间的流逝，布莱恩对于争论越发投入，也越发不愿放弃。没过多久，事态便发展到了布莱恩非要服务员承认犯错才肯罢休的地步。然而在60秒前，布莱恩对这件事根本不以为意。布莱恩把时间和精力浪费在争论说没说加番茄的问题上，这是因为沉没成本谬误把他拉进了必胜陷阱。最终，服务员承认了错误，但我并不觉得他是发自内心道歉的。显然，在处理比讨厌的番茄更重要的事情时，这种陷阱会造成更加严重的后果。

在汽车销售店，销售员使用的最重要的一条策略，就是尽可能多地占用潜在客户的时间。虽然这听上去好像是一种非常糟糕的客户服务，但其背后的心理学原理却是合理的。越是花时间与某个销售员交流，你就越不愿意选择离开，到别人那里买车。

有时，沉没成本和自尊会相互助长。我在上文中提到在点了太多食物的时候，我便成了沉没成本谬误的受害者。在潜意识里，我为自己点得太多而感到尴尬，因此会为了证明自己没有犯错而吃掉所有食物。这就是自尊。可笑的是，有的时候我只是在向那些我再也不会见到的人（比如服务员）证明这一点。这是一个愚蠢的例子，但放在更严肃的背景之下，同样的心态便可能带来具有破坏性的结果。比如，如果莫卡姆法官没有把我从必胜陷阱中拉出来，可以想象会产生怎样的结果。我费尽心机想给公交车司机下套，在陪审团面前打他个措手不及，并且我不想让这些努力付诸东流。

即使是在与朋友或爱人的某次不经意的辩论中，我们也会坚持自己的立场，而荒谬之处在于，我们其实并不在意自己的立场。有人告诉我，他们会为自己并不关心的论点极力辩护，而这只是因为他们在争论中投入了精力，在自尊的驱使下不愿放弃而已。好在其中一些人也回过头来告诉我说，一旦学会了识别毒素，他们便能远离必胜陷阱。

停止恶性循环

积极应对要好过消极被动地接受。了解必胜陷阱的驱动因素非常重要，这是因为相比于掉进陷阱后再把自己拉扯出来，在这些毒素形成时便积极辨识并远离陷阱，会让事情变得容易得多。

面对冲突，我们都会出现"战或逃"的本能反应，这是人类十亿年来进化的结果。在丛林里，这些反应能够救命。但在谈判桌上或商业互动中，这些本能的反应却可能导致非常糟糕的后果。

如果你发现身体对冲突出现生理反应，比如脖颈的汗毛竖了起来或是呼吸加速，那就停下来，暂缓片刻，问问自己：我是不是掉进了冲突陷阱？对方是不是也落入了陷阱？仅仅提出这些问题，就足以让你摆脱本能反应，进入理智的觉知之中。这种对于当下的觉知，能够赋予你力量和控制权。一旦停止这个循环，你就可以开始使用一些有效的工具了。

迎合自尊

在谈判中有这样一条技巧：迎合自己的自尊会让你付出昂贵的代价，但迎合别人的自尊却不必付出代价。如果与你打交道的人受自尊驱使而想要制造冲突，那就满足对方的自尊需要。这样做时你不必花一分钱。认识到对方有感受强大的需求，然后承认对方的强大，并且尊敬地要求对方不要用其力量伤害你（当然，要用你自己的话来说）。如果你表现得居高临下或是喜欢操纵别人，那就会使对方产生屈辱的感觉，给自己的工作制造障碍。我们的目标是控制好自己和对方的自尊，防止它们上升到有害水平。

只有意识到自己的行为何时由自尊驱使并主动踩下"刹车"，我们才能为这种情绪彻底排毒。多加练习，你便能更好地在现实中辨识出自尊助长冲突的时刻。你可以培养习惯，通过营造一个精神空间，让自己暂时从事件中跳出来，更加客观地看待事件本身。

有的时候，你虽然能意识到自己的自尊正在引发一场冲突，但会觉得即使这样也值得。你可能会告诉自己，我要满足自尊，如果要付出代价，那就随它去吧，只要自己感觉过瘾就行。有意识地满足自尊或许不是最理想的过渡措施，但肯定要好过无意识地迎合自尊。

当发现自己的行为频繁地被自尊驱动时，你就会开始在其他人身上看到同样的规律。你可以问问自己：我的行为是被自尊驱动的吗？对方的行为是被自尊驱动的吗？仅仅提出这些问题，便能让你的感觉更加灵敏。如果能在现实的冲突中熟练地提出这些问题，你就能把对方的自尊视为可以利用的资源并为己所用。

在 ePrize 公司担任高管时，我学会了积极管理公司律师的自尊，以便更加有效地召开电话会议，更快地完成交易。在建立这家数字推广公司时，我们的客户中有七十五家都是《财富》世界百强品牌。这些都是规模巨大的公司，拥有数千名员工和错综复杂的官僚机制。我们在效率低下的电话会议上浪费了很多时间。电话会议开始后的前十分钟都在等待与会人员拨号入会，然后每个人再花上几分钟的时间谈论自己迟到的原因：安排电话会议的人员错请了与丽莎重名的同事，鲍勃进错了会议室，珍被困在另一个延后的电话会议上无法脱身，谢丽尔老是输入错误的密码……在每个人都做完自我介绍后，能在一个小时的电话会议中完成十五分钟的实际工作，就已经算是万幸了。

不好意思，我跑题了。

在一次电话会议中，我与客户公司法律部门的一位律师合作，他正在推动一些在我看来存在问题的变革。这意味着我们对所有要点的讨论都要在与会人员的旁听下展开。果不其然，在自尊的驱使下，对方律师死守自己的立场，甚至在意识到自己犯了错误后仍然不愿让步。没有人想在观众面前出丑，而他也同样需要在同事面前保全面子。从那位律师的角度来看，满足自尊的需求当前，为项目找到最佳解决方案的目标只好退居次位。我们之间的电话会议往往没得出解决方案就结束了，需要通过一系列后续邮件和更多乏味的电话会议跟进。这反过来又导致了进一步的延误，使得后续工作的时间被压缩，工作到了十万火急的关头，最终导致危机全面爆发。这就是有害冲突的威力。

我决定尝试一种不同的方法。

在一次大型电话会议的前一天，我打电话给客户律师，和他提前讨论了他准备的改革提议。谈话一开始，我首先表示了称赞，说他推动的一项改革对我的团队的工作起到了改善作用："这招真妙，我希望你不介意我在其他项目上借鉴它。"这不是我在有意操控对方，而是事实。另外，这样做还带来了额外的好处，那就是满足了对方的自尊需要。在得到了想要的尊重之后，这位律师便心平气和地听我们解释，他的一些其他变革意见为何会引发我们想要规避的问题。我承认他的工作难做，也对他的成就表达了赞赏，并且请求他和我一起寻找一个有利于公司的解决方案。换句话说，我满足了他的自尊，从而避免他的自尊上升到有害水平，引来无益的冲突。

第二天的电话会议进展得很顺利。我特意公开致谢，感谢他为我们的工作带来的改善。这样一来，这位律师得以在同事面前大放异彩，而我们也解决了意见分歧。当我发表观点时，他对我表示了支持，我也对他表达了赞同。我们的合作方式也为其他与会人员定下了基调。没有琐碎的争论或情绪化的最后通牒，大家齐心协力一起寻找解决方案。迎合这位律师的自尊，中和了自尊产生的有害影响，让我们得以朝着共同的目标迈进。最终的结果是，我们共同参与到有效的冲突之中，迅速制订出了有利于项目的解决方案。

从那以后，我在每次电话会议上都会采用这种方法，且每次都有不错的效果。迎合对方的自尊可以清除沟通中的毒素，让双方以一种健康的方式接受冲突。

为沉没成本及时止损

沉没成本和自尊往往如影随形。自我意识可以消除自尊带来的负面影响，而接受沉没成本已经产生的事实，也能起到同样的效果。这里没有什么玄妙的学问，如字面意思一样简单。如果你花了大价钱买好了演唱会门票，却在活动当晚生了病，那就不该强撑着去参加。为了让自己相信做出的投资具有合理性而熬过一个痛苦的夜晚，只会让情况变得更糟。相比之下，及时止损才是更明智的选择。

　　这一点同样适用于情感上的投资。如果你和朋友起了口角，却在三十分钟后消气并觉得后悔，那么此时不失为一个停战的好时机。然而，想在这个时候放弃并不容易，因为你的一部分注意力还放在已经投入却没有得到任何回报的三十分钟上，你还没有在争论中获胜。在气头上的你或许看不清这一点，但如果你已经不再关心这场争论，那么投入三十分钟的事实就不足以作为继续争论下去的充分理由——以这种方法证明已做出的情感投资具有合理性未免太不理智。在这时，及时止损才是较为明智的选择。

　　想要为沉没成本排毒，唯一的方法就是选择接受。

　　如果你意识到自己已经落入沉没成本谬误的陷阱，只是因为不甘心而徒增亏损，你就能很容易地后退一步，评估这非赢不可的执念是否因沉没成本而起。如果真是如此，那就尽早止损吧。

如何应对米尔顿

　　让我们重温上文中米尔顿的例子。他是那种遇事非赢不可的人，这类人我们都遇见过。从米尔顿的角度出发，他从不需要担心落入必胜陷阱，因为获胜是他唯一的目标。问题是，像米尔顿这样的人往往自带一种牵引力，会诱使其他人陷入必胜陷阱。除非你和米尔顿一样为了取胜在所不惜，否则最好躲开这类人。但是，这些人有时恰恰是我们躲不开的，他们还能把你拉进一种最极端的冲突中，那就是诉讼。

与米尔顿这样的人打交道的第一个关键点，是接受对方的本来面目。不要以为对方是在针对你，也别以为你能说服对方。一旦接受了米尔顿这类人的本性，我们的选择就变得清晰起来：满足他的需求，争取找出公平的解决方案，要不就干脆大胆开战。在理想的情况下，我们会选择花费最少的选项，但还有其他因素需要考虑。诉讼会给人带来巨大的压力，会耗费精神和情感的能量。因此，和解并避免压力或许才是最合理的选择。

我们有时会为捍卫自己的原则而战。然而根据我的经验，一旦意识到捍卫原则会花掉多少律师费，大多数人便不再那么固执地坚守立场。关键在于，一旦意识到米尔顿这样的人会不断地把别人拉进必胜陷阱，我们就可以让自己远离这种陷阱，沉着冷静地思考如何应对。

那么，在诉讼之外的环境中该如何与米尔顿这样的人打交道呢？如果你和这类人有工作或亲属关系又该怎么办呢？分析结果仍然一样。接受对方不可能改变这一事实，明确你可选的方案，然后从中选择成本最低的那一项。通常情况下，这种成本的形式不是金钱，而是压力、原则性的妥协所带来的懊恼或者良心的谴责。

务必根据这段关系的长度和对你的价值来思考具体的应对方法。你只是在短时间内跟这个人打交道吗？还是说，你们俩的关系是持续终生的？这个人是你被迫与之共事的同事、邻居，还是伴侣的母亲？关系的性质不同，付出的成本及你愿意承受的成本上限也会有差异。

一旦你接受了对方不会改变的事实，就可以决定是否要维持这段关系。如果想坚持，那你愿意投入多少精力（成本）来加以维护？在第七章中，我会深入探讨与无法改变的人陷入冲突时该如何消除毒素。

好在世界上与米尔顿一样的人相对是少数，大多数人没有这种极其争强好胜的性格，但有的时候，人人都会在某件事上陷入想要打败对方或是证明对方犯了错的执念中。

总的来说，避免落入必胜陷阱最好的方法就是提高你的觉知力。如果能利用上文中介绍的工具，规避陷阱就简单多了。膨胀到有害水平的自尊及沉没成本谬误，为落入必胜陷阱创造了最理想的条件。当你发现身体因为冲突而出现生理反应时，记得问问自己：我是不是掉进了冲突陷阱？对方是不是也陷入其中了？仅仅提出问题，就能有效地帮助我们打破这一恶性循环。

认清你和对方的自尊，判断冲突是否受到了自尊的推动。如果意识到是对方的自尊作祟而导致冲突恶化，那就庆幸自己拥有一个不用花钱的工具：满足对方的自尊需要。如果意识到问题出在自己的自尊上，那就决定是否允许情况继续发酵。别忘了沉没成本谬误！过于执着于沉没成本会影响你，让你明知有些事情对原始目标无益，却要一意坚持到底。

接下来，我们来看看与必胜陷阱截然相反的问题——逃避陷阱。

洞悉必胜陷阱

◎ **获胜的执念可能会让你偏离目标**

当想要打败别人的欲望让你忽略了更大的目标时,你就陷入了必胜陷阱。

◎ **情绪可能是一种弱点**

我们容易将愤怒或自以为是的心态作为出发点,自认为强大无比。但事实上,这些情绪却可能是我们最大的弱点。

◎ **导致陷入必胜陷阱的两种毒素**

· 自尊:满足自尊的需求会让我们更努力且更持久地进行战斗,即使这场战斗已不再与我们更大的目标相契合。达成妥协可能会让人感到失败或懦弱,因此自尊会驱使我们争取胜利,而不是达成和解。同样,对方的自尊也会将他们推入必胜陷阱。

· 沉没成本谬误:在投入了时间、金钱、精力或其他资源之后,我们便更难选择放弃。沉没成本谬误是指我们因为想要收回投资而继续追求某个目标,即使这已不再符合我们的最大利益。

克服必胜陷阱的工具

◎ **注意这些迹象**

学会辨识自己的必胜需求在何时被激发,这样一来,你就可以避免落入必胜陷阱。

◎ **迎合自己的自尊要付出代价,但迎合别人的自尊却不必付出任何代价**

当你发现身体因为冲突而出现生理反应时,记得问问自己:我是不是掉进了冲突陷阱?对方是不是也陷入其中了?

- 如果你发现是你的自尊在驱动冲突,那就按下暂停键。用理智决定是否要继续下去,不要让自尊左右你的行为。
- 如果你看到是对方的自尊在推动冲突,那就满足对方的自尊。这样做不会浪费你一分钱。

◎ **为沉没成本止损**

如果发现自己是因为已经投入很多而继续追求某个目标,那你就很容易评估出让你非赢不可的动力是不是沉没成本。如果真是这样,那就及时止损吧。

◎ **接受米尔顿这类人的本质**

如果你面对的是一个无时无刻不想赢的人,那就不要为了争胜负而落入陷阱。相反,接受这个人不会改变这一事实,明确你可选的应对方案,选择成本最低的那一项。

第四章

逃避陷阱

第四章 | 逃避陷阱

冲突是不可避免的，并且在试图避免它时我们往往会把事情弄得更糟。如果不去解决问题，你就给问题提供了恶化和升级的机会。逃避陷阱在四种冲突陷阱中最为常见，当我们因为有害的恐惧规避冲突时，就会落入这种陷阱。以"战或逃"应激反应为背景来说，这就是所谓的"逃"。当恐惧上升到有害水平时，它便会阻碍我们提出问题、承认错误、贡献想法或是指出问题。有害的恐惧会让我们逃避冲突，而不是为了顾全大局而接受冲突。这种恐惧就是让我们陷入逃避陷阱的主要驱动力。

第一章中提到的通用汽车点火开关危机，就是一个典型的案例。虽然这场危机始于一个技术上的疏漏，但通用汽车公司却没有解决问题，而是任之酿成人员伤亡的惨剧。数十亿美元被白白浪费，公众信任被碾得粉碎，公司面临成立一百多年以来最严重的一次危机。这是一种极度厌恶冲突的企业文化，而公司也为此付出了惨重的代价。

通用汽车是一个极端的例子，然而，逃避陷阱在很多情况下都可能出现。如果牙齿上沾了食物，你是否希望有人在你参加一场重要会议之前稍加提醒？答案当然是肯定的。然而如果角色调转，你可能就磨不开面子向对方指出这种事情了。就是这种磨不开面子，让大多数人都选择缄口不语，也就是避免冲突。具有讽刺意味的是，与会后照镜子时才发现牙上一整天都沾着食物的尴尬相比，开会前被人提醒的尴尬根本不值一提。从长远来看，规避小的冲突往往会造成更大的伤害。与通用汽车遭遇的灾难性后果相比，沾在牙齿上的一点儿食物似乎微不足道，但二者都一样涉及逃避陷阱。让我们来看一些其他场景：

一位在建筑工地上工作的木匠注意到部分电线上的保护涂层被扯掉，让压在木梁上的电线金属丝暴露了出来。这些电线（在推迟了两周之后）已通过城市房屋检查员的审查，再过五分钟，砌墙工就要将暴露在外的电线金属丝密封在墙里永远隐藏起来。木匠没有接受过电气培训，所以不确定这样做是否有风险。但他知道，如果等电工来查看，这个已经进度落后且超出预算的项目会进一步推迟，所以他选择了缄口不语。

一家营销机构的员工在她的个人社交媒体账号上写了一句话——给一家大品牌公司的广告活动差评。一周后，这个品牌成了她的新客户。她考虑是否该向客户"坦白"，把她写差评的事说出来。然而她也知道，这句差评已经发布一周，被客户发现的概率也在一天天下降，所以她决定不进行这次难以启齿的谈话。

一位在医院值夜班的护士注意到医生给一位病人用药的剂量好像非常大。她本想给医生打个电话，确认一下医嘱，但又想起上次打电话时医生是如何贬低她的能力的。她转念一想，既然表格上已经清楚标明,那么剂量一定是正确的,于是便开始给药。

以上每一种情况都有可能以糟糕的结局收场,这些例子中的行为都是由有害的恐惧引发的。大家很容易觉得,如果把这些事件的当事人换作自己,我们肯定会选择不同的方法——去做正确的事,说难以启齿的话。但事实上,在日常生活中,大多数人都会避免发生冲突。

我们经常在处理人际关系时陷入逃避陷阱。我们不愿意向朋友、家人或恋人开口,解释他们的行为给我们带来了怎样的困扰。我们不想表现得粗暴无礼,因此选择缄口不语。我们会给出一些微妙的暗示,但不会直接提出希望对方做出什么改进。

想象一下,你有一个真心支持你的好朋友。但你发现,当你分享好消息的时候,他却经常在不经意间提到你过去的错误或失败。在原本开开心心的时刻,这些评论很煞风景,让你心里不是滋味。我们很容易说服自己不要对朋友的行为发表言论。毕竟,你不想让问题变得更严重。朋友甚至可能并没有意识到自己的行为,再说了,表现得不友好或有冒犯他人的风险,也足以让我们大多数人一言不发。我们告诉自己,这种沉默基于尊重,但实际上这种沉默的基础却是对难以启齿的谈话的恐惧。

保持沉默是对人际关系的不尊重。如果你不去解释这些言论给你带来的感受并与对方一起解决问题,你就可能会对朋友产生怨怼。随着时间的推移,你们的关系便会受到影响。从短期来看,冒犯他人的风险通常会让我们选择规避小的冲突，但这可能在日后导致更大的问题。这就是逃避陷阱的害处。直面朋友的评论可能会让你暂时感到不舒服，可是，如果能以一种不加指责的方式提出问题（这种情况非常适合使用"购物清单语气"），你们的关系最终会更加稳固。

造成恐惧的三大毒素

有害恐惧会让我们落入逃避陷阱，而造成这种恐惧的三大因素包括心理安全感匮乏、印象管理和社会化。这三者有时独立发挥作用，有时配合生效。

在通用汽车点火开关事件中，这三种因素都发挥了作用。该事件真正的悲剧在于，公司内部的一部分人在十多年前就知道汽车上安装的点火开关存在缺陷，却什么也没说。事情怎么会发展成这样？富有同情心的人怎么能对一个最终导致124人死亡的问题视而不见？原因在于，这些人处于"战或逃"中的"逃跑"模式。处于这种模式时，人们会本能地规避冲突，感觉逃跑比交战更加安全。事实上，绝大多数人都会选择对眼前的小冲突视而不见，即使这种做法会在日后引发更大的冲突。这样的选择虽然不理性，却是本能使然。当我们所处的文化环境不鼓励提出坏消息或矛盾的观点时，相比于保持沉默和自求多福，逆流而上则需要付出更多的精力和勇气。公司越大问题就越多,这是因为对现状发出反对的声音需要消耗更多能量。没有人想成为那个提出召回数千辆汽车、导致巨额支出、损害公司声誉、压低公司股价的人。在避免冲突的文化中,躲在人群中什么都不做比指出问题要容易得多。等到坏事最终发生的时候,责任可以由所有人一起承担。这些都不是特意考虑出的结果,而是有害的恐惧在作祟。

导致有害恐惧出现的第一个毒素是心理安全感的匮乏。哈佛大学组织行为学家艾米·埃德蒙森(Amy Edmondson)将心理安全感定义为:"相信不会因为表达想法、提出问题、说出担忧或指出错误而受到惩罚或羞辱。"在员工普遍缺乏心理安全感的公司中,员工的恐惧会飙升到有害水平,直接导致逃避陷阱出现。如果我们发现了一个问题(比如可能致命、存在缺陷的点火开关),理性的反应是说出来,与公司中的其他人一起解决问题。但如果我们因为害怕指出错误而受到惩罚或羞辱,那么防御机制就会开启,不再选择理性的处理方法。我们会感到逃避对抗的冲动,而且这种冲动很容易满足,只需缄口不语。

第二个可能导致有害恐惧出现的毒素,是想控制别人对我们的看法,也就是心理学家所说的"印象管理"。像通用汽车点火开关这样的危机,我们大多数人都没有经历过,但我们都希望成为别人眼中聪明、能干、讨人喜欢的人。没有人想要给别人留下无知、无能、无礼或消极的印象(在缺乏心理安全感的组织中,这些担忧都是情有可原的)。埃德蒙森教授指出,这种对印象管理的担忧其实是非常容易控制的。如果不想显得无知，那就不要提出问题；如果不想显得无能，那就不要承认错误或寻求帮助；如果不想干涉别人，那就不要表达想法；如果不想被视为消极的人，那就不要批评现状。

阻碍人们提出问题、承认错误、表达想法或指出问题的恐惧就是有害恐惧。试想一下，有这样一个组织，这里的人不会提出问题、质疑观点、表达建设性的批评，不会冒险走出自己的舒适区，不会在看到威胁时发出警报，或是不会参与难以启齿但意义重大的对话。几乎可以肯定，这是一个缺乏创新且不健康的组织，在市场上没有竞争优势，培养不出强有力的领导者，而且很难吸引和保留人才。这些都是逃避陷阱造成的后果。在玛丽·芭拉接任通用汽车首席执行官并改变企业文化之前，这家公司也曾是此类问题的受害者。

除了心理安全感的匮乏和印象管理，社会化是导致有害恐惧出现的第三个毒素。在第一章中，我们回顾了社会化如何教会我们美化坏消息和粉饰反馈。我们被告知，如果没有好话可说，就什么都别说。我们被教导要尊重他人、待人友善而有礼貌，当然，这些建议（有时）很在理。然而，当这些经验导致我们对难以面对却意义重大的问题采取回避态度时，问题便得不到解决。随着时间的推移，这些问题会逐渐恶化。

逃避一下又何妨？

你可能会想：避免冲突不是一种策略吗？毕竟，如果每遇到一个小问题都非要指出来，那你不就成了一个爱找碴儿的浑蛋了吗？其实，这种想法并不完全正确。在很多情况下，避免冲突都是明智的选择，不至于让你陷入逃避陷阱。然而，不应逃避冲突的案例也有很多，二者主要的区别在于逃避背后的动机。落入逃避陷阱背后的驱动力是有害的恐惧。如果避免冲突的选择并非由有害的恐惧推动，我们就没有落入陷阱。换句话说，我们要为真正值得捍卫的事物而战。

下面我将举个例子来说明什么是无毒的恐惧。想象一下，有人刚在商场停车场插了你的队，"抢"了你的停车位。或许，你这周过得很不顺，最近总是被人占便宜。于是你怒不可遏，走下汽车，想让那个加塞儿的人把车位还给你。就在这时，你看到了那个司机的样子：他身高将近两米，身材健硕，胸前文着"只要出价，我就出手"的字样，怪物卡车后面还安装着一个枪架。你在那一刻感受到的恐惧不但无毒，而且是一种发自内心的生存本能。跟这家伙对峙不是个好主意，屈服于这样的恐惧并不会让你陷入逃避陷阱，而是会把你带往安全地带。你可以劝自己，他比你更需要那个停车位，然后回到你的汽车里，再找另一个地方停车。

在完全不存在恐惧感的时候，我们有时也会选择避免冲突。想象一下，你的一位同事总是把别人的想法据为己有，你也是受害者之一。你担心你的一些有价值的贡献会被上司忽视，而要想加薪和晋升，上司的意见至关重要。其实你并不害怕面对这位同事，不但如此，这么做还会给你带来巨大的满足感。但除此之外，你也掌握了两个信息：第一，包括你的上司在内的领导都知道你的同事喜欢操控别人，他在公司已经没有什么前途；第二，他绝不会承认自己的错误，如果与他对峙，那么今后与他的合作会变得更加困难。因此，选择避免冲突并不是出于恐惧，而是因为成本效益分析告诉你这样做得不偿失。你告诉自己：企鹅不会飞，你发什么火呢？而这也是第七章的重点内容。还是那句话，只有当行为被有害恐惧推动时，你才算陷入了逃避陷阱。

如果能诚实面对自己，在回忆过去几周时，绝大多数人都能想起这样一个时刻：鉴于心理安全感的匮乏、印象管理或社会化，我们选择了保持沉默。也许你注意到了某个问题，知道如何解决，却因为不想招来怨气而保持沉默。或许，你对某件事存在疑问，却因为觉得自己理应知道答案而没有问出口。或许，你看到某人犯了一个错误，却因为害怕冒犯对方而选择不去解决。我们都犯过逃避的错误，这毕竟是人类的本性。但每一次我们保持沉默，损害的都是自己和周围人发现和解决问题的能力，以及学习和成长的权利。另外，我们也剥夺了组织尝试创新、参与竞争和实现进步的机会。

逃避的害处

逃避冲突会给我们的个人生活带来各种各样的问题。如果我们对别人隐藏自己的真实感受，就会切断坦诚交流的渠道，剥夺开放对话的机会。这样一来，不仅冲突一直得不到解决，与之相关的毒素也无法排解。随着这些毒素不断累积，小问题会逐渐变成大问题。由此产生的压力会降低我们的专注力和记忆力，损害我们做决定、学习和与他人沟通的能力。避免冲突等于克制自己的感情和压制自己的沮丧，这可能会导致与压力相关的身体疾病，如溃疡、偏头痛和背痛等。未经解决的冲突带来的慢性压力也会削弱免疫系统，让我们更容易患上感冒等疾病。所有这些疾病会进一步降低我们对压力的适应能力，使我们更有可能在未来继续避免冲突。这样一来，由一系列逃避陷阱组成的恶性循环便随之形成。

逃避冲突不仅会带来个人问题，还会导致组织层面的系统性问题。以通用汽车为例，一旦有人发现了点火开关的缺陷，这家公司便面临着两种选择：第一，公司可以公开宣布这一缺陷，主动召回所有受到影响的车辆，从正面应对冲突；第二，公司可以选择视而不见，直到问题升级到无法忽视的地步，然后再召回所有受到影响的车辆。第二种选择要比第一种选择多出数十亿美元的罚款，还要牺牲很多人的生命。通用汽车陷入了逃避陷阱，因此选择了成本更高的那一条路。

在规避冲突的组织中，人们不仅逃避行动，甚至对不作为所造成的后果也不认真思考。这种文化会让每个人都专注于印象管理，而这些组织中的人员也任由问题被粉饰，因为他们担心敲响警钟会对自己的职业生涯产生负面影响，甚至会让自己面临被解雇的命运。而遗憾的是，这种担忧存在于许多组织中，包括通用汽车。

一些人认为，通用汽车的问题仅仅在于公司将利润置于安全之上。但这种解释过于简单，稍加检验就会站不住脚。早一点儿将汽车召回，实际上是一个更加省钱的解决方案。由于选择了等待，公司最终为罚款、法律和解、调查和公关花费了数十亿美元。如果通用汽车所关心的只是盈亏，那么公司就会立刻揭发点火开关的缺陷。导致这场危机的真正原因不是对利润的关注，而是将员工拖入逃避陷阱的有害企业文化。

接任首席执行官时，玛丽·芭拉自上而下地对企业文化进行了排毒。如第一章的内容所说，她建立了一种"为安全发声"的警告体系，方便流水线上的工人在看到零件安装存在问题时"发声"。将问题提出来，员工们也不再需要鼓起巨大的勇气才敢指出问题。而在此之前，"选择逃避"是一种受到鼓励的企业文化，因此非常容易被员工选择。经过排毒，通用汽车的全新文化鼓励大家畅所欲言，希望每个人都能寻找机会表达自己的担忧。

好在你不必成为像玛丽·芭拉那样的世界级首席执行官，也同样能够消除冲突中的毒素。我们都可以做一些简单直接的事情，从而远离逃避陷阱。

避免逃避陷阱

前文已经阐明逃避陷阱的表现（逃避冲突）及其原因（有害的恐惧感），在本章的剩余部分，我们将集中讨论两种方法，看看如何将有害的恐惧从组织和思想中清除，让我们远离逃避陷阱。第一个工具是让冲突成为一种需求，第二个工具是促进一种开诚布公和承担责任的文化。让我们来逐一探讨。

不要逃避冲突，把它当作一种需求

针对有害的恐惧，海豹突击队有一种简单的解决方法。对海豹突击队来说，高效的沟通是事关生死且不可或缺的。在战场上，规避难以启齿的谈话可能会造成生命危险。发现问题时，海豹突击队队员必须勇敢地说出来，而不能担心会伤害彼此的感情。那么，他们是如何训练队员在交流时不产生有害的恐惧情绪呢？

我曾经有幸向马特·比索内特（Matt Bissonnette）学习了海豹突击队的沟通方法。在执行突袭任务期间，他曾是海豹突击队第六分队的成员，后来晋升为第六分队的队长。在马特进场之前，大家都必须将手机收起来，以防有人给他拍照。之所以对马特的外表要保密，是因为一旦有人知道了他的真实身份，便有可能危及他和家人的安全。

"你们这些商界人士在沟通上简直糟糕透了。"马特这样告诉我们。他这次来的目的，是给我们公司的一批领导者讲解如何营造有助于坦诚交流的文化。我还以为他会像别的企业讲师一样给我们一个简单的五步框架，只需照做就能实现更有效的沟通（有点儿像我的这本书的结构）。谁知，马特却讲起了他作为海豹突击队第六分队队长时第一次执行任务的故事。

分队在执行任务时，马特的指挥官从基地发来无线电信号，询问该何时派直升机去接人。马特用无线电回复，表示大约十分钟后结束。（我不知道这次任务的具体内容，但不用说也知道，既然是海豹突击队，那一定是很酷的事。）然后，他向新来的队员确认梯子是否还在他手里（显然，这个任务需要用到梯子，而新来的人总是脱不开搬梯子的差事）。新来的成员确认了梯子在自己手上。十分钟后，大家便乘上直升机返回基地。

每次任务结束后，海豹突击队队员都要进行一次强制性的简报会议，讨论进展顺利和不顺的事宜，并共享反馈信息。最重要的是，在会议结束时，每个人都有时间进行自由发言。"我有个问题，"新来的成员问，"你为什么用无线电问我梯子还在不在？"

这个问题让马特大吃一惊，他的第一反应是想大吼一句"因为我是海豹突击队第六分队的队长，我想问什么就问什么，你得有问必答，原因就这么简单！"。但他克制住了这股冲动，给出了一个稍微友善一些的回答："这么做没有别的意思。我们准备返回基地，我只是想确保每个人都带齐了装备而已。"

新来的队员仍不满意："你知道的，那架梯子大约有30千克重。在去执行任务的路上，我背着梯子跑了两个半小时的山路。你觉得我会把梯子忘了吗？如果没带在身上，我会意识不到吗？我可不会问你有没有记得带突击步枪。你看我是新来的，所以才找我的碴儿。"

马特意识到自己陷入了微观管理的旋涡，在领导方式上出现了失误。他马上承认了这一点，担起责任，道了歉，并感谢新来的成员敢于提出这个问题。马特告诉我们，这个新来的成员敢于发表这样的评论，是一件好事，因为自己的做法很容易成为一种习惯。如果大家对这种行为不管不问，马特就可能会在每次任务结束后都用无线电联系这位新人，确保他拿了梯子。这种做法会让对方愤愤不平，从而产生积怨，最终导致严重的问题。想象一下，你在海豹突击队执行任务，要把自己的生命交到队友的手中……这么一来，你会想让队友讨厌你吗？如果这个新来的成员因为不敢面对马特而保持沉默，如果他选择回避这种小规模的冲突，两人之间便可能会在未来的某个时刻爆发更加严重的冲突。也就是说，这位新人的恐惧可能会转化成怨恨和愤怒，使两人陷入逃避陷阱。

这个故事牵扯到第二章中提到的霸凌陷阱，让我们看到，霸凌陷阱有可能发展为逃避陷阱。这位新人敢于在会议中与马特正面交锋，这一点至关重要，而且马特的回应也同样关键。如果马特毫不克制最初的冲动，对新人大喊大叫，便会导致沟通中断，也会让团队里的其他人以后不敢提出问题。这种霸凌行为会煽动人们在背地里搞破坏，比如暗中操纵、拆台和指责，从而滋生怨恨和不忠。

当人际关系问题得不到解决且进一步恶化时,它们便能衍生出糟糕的结果。对海豹突击队成员来说,这甚至可能意味着在战斗的紧要关头,要掩护你的人对你心怀怨念。这可不是成功执行任务的好办法。因此,对海豹突击队来说,坦率地直面问题、不规避难以启齿的对话,这一点至关重要。

海豹突击队每次执行任务后都会进行一次"强制简报",即使在一般人的生活中,这也是一个用来对抗逃避陷阱的好方法。"强制简报"是一种必须产生对抗和冲突的形式。总体来说,美军是一个自上而下的指挥与管制型[1]组织。质疑上级是一件大事,需要调动巨大的力量和勇气——甚至比在商界背景下质疑上司更需要力量和勇气。但是海豹突击队队员明白,为了团队高效合作,他们必须相互质疑、反驳,并开诚布公地面对彼此。要鼓起勇气才能说出想法的文化,并不适合海豹突击队。队员们明白,无害冲突是健康团队的必要组成部分。

同样的策略也可以运用在商业领域中。这是一种方法简单但有效的工具。在这段时间里,与会人员必须提出疑问、指出问题、吐露心声。在强制简报期间,保持沉默就等于没有尽到各自的职责。大声说出问题是每个人应尽的义务。

想要成功召开强制简报会议有两个关键点。首先,请强调大胆发声是工作要求。如果能专门划定一段时间,让人们对企业进行评

---

[1] 常用于形容军事体系和企业组织,指利用人力、物力和信息资源来解决问题、完成任务、实现目标的属性。

判性的思考并指出问题所在,你就等于是在传递这样一条信息:表达自己的担忧是一种值得鼓励的行为。有时候人们之所以不愿提出问题,是因为他们不想承担"冲突源头"这样的污名。没人想成为众矢之的。回想一下本章开头提到的印象管理现象,思考这种现象如何鼓励人们用沉默作为应对机制,压抑对表现出消极或无能的恐惧。简报会议会为印象管理重新定向,鼓励人们畅所欲言,那些在组织中敢于指出缺陷或问题的人,现在被视为为组织提供价值的人;那些缄口不语的人则会被视为累赘。如果人们不想在这些会议上保持沉默,就会因为受到压力而认真思考组织中的潜在问题,并且乐于分享。这种压力不仅对会议本身有正面效果,还能成为健康组织的驱动力,因为简报会议为人们提供了畅所欲言所需的心理安全感。

想要最大限度地利用简报会议,第二个关键点就是将这种会议作为积累经验的练习,只是练习,而不是一定要得出结果。以下是简报会议的开场脚本示例:

> 我们每个人都有一个可以让整个团队受益的独特视角,你们中的一些人已经发现了其他人尚未发现的团队缺陷或工作障碍。在场的各位都有发言权,因为没有哪个人可以掌握所有答案。让我们分享各自的观点和担忧,这样一来,我们就可以作为一个团队共同学习成长。

把简报会议看作一种积累经验的练习，有助于大家从研究的视角出发，与同事一起找出组织的缺陷或问题。这种方法在人和可能令人不适的问题之间设置了一定的心理距离，让每个人都能感觉自己处在一个充满安全感的环境中。

除了简报会议，你还可以多加一场事前简报会。在启动项目之前，召集团队探讨可能出现的挑战并提问："假设我们在这个项目中遭遇了失败，可能是什么原因导致的？"这样的问题能够进一步拉开与会者和潜在问题之间的心理距离。这样人们可以发挥创造力，自由地思考组织或团队中潜在的缺陷，而不必担心冒犯他人。因为他们并不是在对已经发生的事情进行批评，一切都在模拟真实环境，不必放在心上。

定期召开简报会和事前简报会，可以达到以下三个目的：

· 这些会议能够持续提供机会，鼓励大家发现组织中的问题，因此坏消息也会更快浮出水面。

· 这些会议能够打造一种心理上的安全空间，让人们能够轻松地直面问题（人们不必担心被视为冲突的"罪魁祸首"，不用背负骂名，反而能感受到挖掘潜在问题和机遇的正面驱动力）。

· 这些会议能够激发并赋予人们不断改善的能力。

一旦通过此类会议在组织中建立起开诚布公的沟通习惯，人们就能更容易在正式会议之外接受冲突。如此一来，这一行为便成了文化的一部分。

坦率与问责

对抗逃避陷阱的第二个策略，是向组织成员宣传坦率与问责的文化。如果宣传成功，团队成员便能没有顾虑地说出自己的想法，并且鼓励彼此分享重要反馈。坦率的重点是说真话，哪怕会引起尴尬。问责的重点是自由公开地承认自己的错误，并且让他人也为他们自己的错误负责。

那么，如何赋予组织成员这两种特质呢？让我们先从坦率说起。公开对话对任何组织的成功而言都至关重要。不管是在企业、非营利组织、体育团队，还是任何其他团队中，我们都必须克服团队这个整体面临的障碍。甲过于敏感，而乙每次收到反馈时都会哭鼻子，任何因为这种事而不得不在棘手问题面前如履薄冰的组织，最终都将面临失败的命运。在这些组织中，人们浪费了无数精力来抵抗拖慢事情进度的毒素，却并没有把力气用在实现目标上。这些组织把资源浪费在有害冲突上，只能被拥有坦率文化的组织远远甩在身后。

想要赋予组织成员坦率沟通的精神，最好的方法就是实践，而且要经常实践。在一个缺乏畅通的交流的组织中，想要坦率处事，需要真正鼓起勇气。但如果每天都实践，那么在组织内坦率沟通便会变得毫不费力。简报会议和事前简报会是训练人们坦率沟通的好机会。领导者可以利用这些会议，从组织成员那里得到反馈。如果有人站出来指出问题或表达不满，那就向这个人表示感谢并向其他人指出这些评论是多么有益。对别人的坦率表达感激，能够鼓励团队成员学习这种品质。

关于简报会议，有两个要点适用于所有组织。首先，为成员提供指定的时间，让他们指出问题、吐露心声，这能为坦率发言消除许多障碍。其次，领导者对新人批评的公开回应，能够鼓励其他人今后也大胆发言。相比于不具备坦率文化的组织，拥有这种文化的组织要更健康。要想赋予组织成员坦率沟通的理念，最好的方法就是实践，并在其他人坦率沟通时予以褒奖。

除了坦率，对抗逃避陷阱的另一种方法就是重视问责制。人非圣贤，孰能无过，犯错是每个人都可能会经历的事。但在许多组织中，零缺陷地执行却被视为工作的重中之重，在大型组织中尤为如此。犯错会招致诟病，被视为耻辱的标志。在这种环境下，犯错的人会极力隐藏错误。犯错对人类而言是不可避免的，因此强调零缺陷执行的组织本身就存在缺陷，这也是挺讽刺的事。承认错误需要勇气，在你的组织中，承认错误越是令人痛苦，人们就越难鼓起勇气。一旦看到别人因为承认错误而吃到苦果，我们就会掩饰自己的错误。反过来说，如果看到那些承认错误的人成为人们眼中的积极榜样，我们才更有可能坦白错误。如果将错误视为学习和提高的机会，承认错误就会容易得多。问责制的本质不是为了惩罚错误，而是为了让每个人都有机会公开透明地取得成功。那么，我们该如何创造一种崇尚问责的文化呢？答案就在于实践和宣扬。

想要使问责制成为组织文化的一部分，最好的方法就是实践。领导者当着整个团队的面承认自己在面对新人时所犯的微观管理错误，这种做法无疑有效地释放了一种有力的信号。

想要用一种更加正规的方式实施问责制，不妨将问责纳入日常信息流[1]之中。想要确保团队成员了解其他人的最新进展，一种有效的方法就是要求团队成员每周进行汇报，比如这种"三对三报告"：每个团队成员都承诺在未来一周完成三个目标，并以上周的三个目标作为标准，对本周表现进行评价。在每周的团队会议上，成员们要以书面形式面对面地传达这些目标。没有达成目标的团队成员可以解释失败的原因，说明准备采取怎样的措施。如果能保持这种频率的报告形式，那么团队成员即使不必鼓起勇气，也可以很容易地承担责任。知道自己需要在下周的会议上说明进展，成员们才能更好地集中精力去实现目标。

除此之外，宣扬问责制也有助于使其成为组织文化的一部分。我说的不是站在讲台上的说教，而是让问责成为组织语言的一部分。语言扮演着重要的角色，在问责文化形成的过程中能起到很大的作用。如果能将问责文化写入组织的日常口号，便能让人们做好迎接不可避免的失误的准备，让大家清楚地认识到通往成功的道路是由尝试和失误铺成的。一旦明白失误对成长的必要性，人们便不会再害怕失败。

---

[1] 指人们通过各种渠道实现的信息交流，包括面对面的直接交谈，以及采用现代媒介实现的沟通等。

许多成功的组织文化都会分享名人关于失误和失败的箴言,这是一种有效的"宣扬"方式,表明失败是成功的必要条件。以下是一些伟人关于失误和失败的名言:

> 我没有失败,只是发现了一百种行不通的方法。
> ——托马斯·爱迪生(Thomas Edison)

> 失败只是重新开始的机会,这一次你会更加明智。
> ——亨利·福特(Henry Ford)

> 在生命中,我经历了一次又一次失败。而这就是我成功的原因。
> ——迈克尔·乔丹

> 庆祝成功固然是好事,但吸取失败的教训更加重要。
> ——比尔·盖茨(Bill Gates)

为了学习和成长,我们必须犯错,一旦明白了这一点,承担责任就成了一种可敬的品质。一旦确定自己所在的组织也遵循这一理念,对失败的恐惧就不会再成为我们选择逃避的驱动因素。

归根结底,人都会犯错。意识到自己犯错后会有什么反应,才是对性格真正的考验。在接下来的故事中,让我们来看一个令人咋舌的大错。

帮宝适的"成长好礼"

当我还在 ePrize 的执行团队任职时,公司曾为帮宝适纸尿裤管理过一项品牌忠诚度企划。企划的模式很简单:用户购买纸尿裤,从包装中获得代码,存入在线账户,赚取积分,兑换好礼。每包纸尿裤的包装上,都印有一排独一无二的由字母和数字组成的15个字符的代码,我们的软件团队开发出了一种算法,可以随机生成数百万个这样的代码。

字母表中只有10个数字和26个字母,所以,在随机生成数百万个由字母和数字构成的15个字符的代码时,便会偶然得出一些真实存在的单词。有的时候,你会遇到一些积极正面的词语,比如:

GWZJQ27**LOVE**90H1(爱）
C0**CUTE**D5ORNLE59（可爱）
MG9LJ3N87S**LOL**9B（欢笑）[1]

但有的时候,你也会遇到一些不那么正面的词语,比如:

5P**HATE**PQGQ4XZXL（恨）

---

[1] LOL,Laughing Out Loud 的缩写。

KRF46TLEB1DIE72（死）

在把这些代码发送给客户之前，公司要求先用脏话过滤程序过滤一遍，以确保脏话不会印在纸尿裤之类的产品上。通常来说，我们也是这么做的。即使如此，错误仍然防不胜防。有一天，帮宝适向我们索要了一批新代码，公司人员将一份未经过脏话过滤的代码表发了过去，而帮宝适则直接把这些代码印在了成千上万的纸尿裤包装上。事情的走向，大家可能已经猜出来了……

想象一下，初春的一个星期天的早上，一位母亲刚为6周大的女儿买了一包帮宝适纸尿裤，正在把包装中的代码输入账户里以获取积分。

如果你有幸抱过一个6周大的婴儿，那你一定知道这是一种全宇宙最纯洁的体验。那个小小的人儿身上充满了爱、欢乐和纯真。

这位母亲低头看着面前的帮宝适包装，开始输入代码。突然，包装上的四个字母跃入眼帘——这可不是什么好听的词，而是一个很糟糕的词……我说的不是"恨"（HATE）或"死"（DIE）这种词。这个词要糟糕得多，说它是四个字母的英文单词中最可怕的词也一点儿不为过［而且这个词也不是S打头的"狗屁"（SHIT）或F打头的"滚"（FUCK）］。

不难想象，我们接到了帮宝适的电话。他们刚刚接到那位怒不可遏的母亲打来的电话，因此情绪也很激动。在回避冲突的文化中，人们的本能反应是辩护，比如，"我们的合同上没有任何条款提到必须过滤代码中的脏话。你们有脏话过滤程序，但你们在把代码印上包装之前根本没有检查，现在却想让我们赔钱？这件事的责任大部分在你们公司，但我们愿意通过谈判来商讨解决方案"。

然而在坦率和问责文化占主导地位的组织中，人们在遇到这种情况时却不会摆出防御的姿态。他们会挺身而出，为自己的错误承担责任，欣然接受冲突，并且将这件事视为一个彰显组织品格的机会。他们会说："很抱歉让您和您的客户陷入这种糟糕的境地。这是我们的失误，我们会尽全力弥补。"

好在大部分产品仍然放在仓库的托盘上，尚未被运输出去。所以，我们花钱将这批产品开封，重新进行了包装，并且确保这次印上的是经过脏话过滤的代码。另外，我们还联系了那位母亲，向她解释情况并道了歉，还送了她一整年用量的帮宝适产品。

帮宝适的品牌经理对我们的反应很满意，他说："哇，你们这个祸闯得不小呀。放在过去跟我们合作过的公司身上，他们可能会跟我们争得不可开交，但你们却站出来承担了责任。我们知道，下次再遇到问题，你们一定会为我们提供帮助，保护我们的品牌形象。我们相信，你们的公司会做出正确的选择。"

最终的结果是，相比于自始至终进行零缺陷执行和规避所有冲突，我们与帮宝适的关系变得稳固了许多。没错，高质量的执行对任何组织的成功来说都至关重要，然而坦率和问责也同样关键，甚至有过之而无不及。

既然错误不可避免，那么我们不妨张开双臂迎接错误引起的冲突。事实上，我们应该把冲突作为彰显品格、建立信任和巩固关系的机会。在组织中，我们应该对那些勇于承担责任的人表示赞美。这样的处理方式具有感染性，当别人看在眼里时，他们便会进行模仿。为自己担责，在面对困难时尤其要如此，这种在我们的社会中很少见的做法会让你脱颖而出。为自己的错误承担责任并不需要动用大量的脑力、特殊的才能或昂贵的教育，只需诚信正直就能做到。虽然人们可能会记得你犯下了一个大错，但他们也肯定不会忘记你敢于站出来承担责任。这种理念可以防止有害的恐惧把你拖入逃避陷阱。

洞悉逃避陷阱

◎ **逃避冲突只会让事情变得更糟**

避免冲突可能会暂时让人感觉安全，却会让问题恶化。有害的恐惧会让我们逃避冲突，而不是为了顾全大局而接受冲突。大多数人会选择逃避眼前的小冲突，即使这种逃避会让我们距离虽不紧迫但异常严峻的大冲突越来越近。

◎ **导致陷入逃避陷阱的有害恐惧有三大来源**

- 心理安全感：害怕因表达自己对某件事的忧虑或指出错误而受到惩罚或羞辱。
- 印象管理：害怕坦露心声会给自己带来负面影响。
- 社会化：害怕提出建设性的批评会惹人不快，或被视为对人不尊重、不礼貌。

克服逃避陷阱的工具

◎ **把挑起冲突作为一项工作要求**

定期安排简报会议和事前简报会,在会上缄口不言的人被视为没有尽到职责。这样做的好处是:

- 频繁提供发现问题的机会,让坏消息尽快浮出水面。
- 营造一个能提供心理安全感的环境,让人们免于因挑起冲突而背负污名。
- 对员工进行激励和赋权,让他们不断寻求改善。

◎ **这是一个积累经验的练习,而不是一个必须有结果的会议**

强调倾听每个人独特观点的重要性,尽可能站在更广泛的视角看问题。

◎ **营造一种坦率和问责的文化**

鼓励坦率地反馈问题,将犯错视为学习和进步的机会(而不是耻辱的标志),并尊重那些愿意为自己的错误承担责任的人。

◎ **养成习惯**

每个团队成员每周汇报下周承诺完成的目标,并将本周表现与上周目标进行对比。

◎ **树立榜样**

定期树立敢于承担自己错误的榜样。

◎ **迎接冲突**

把冲突当成彰显品格、建立信任和巩固关系的机会。

第五章

评判陷阱

评判如何产生

人类评判他人的本能，经过了数百万年的进化。我们的史前祖先一直遭受各种威胁，有的来自野生动物，有的来自其他想要杀死他们或抢夺稀缺资源的人。对人类来说，快速而准确地判断一个人是敌是友一直是一项必要的技能。研究表明，我们在认识一个新朋友时半秒之内就会做出判断，这些判断更有可能是偏向消极的而不是积极的。在野外，利害关系可能关乎生死，所以我们宁肯过分谨慎也不能冒险犯错，在得到证明之前，要假设每个人都是敌人。研究证实，人类接受消极判断的速度要比积极判断更快，且消极判断持续的时间更长。

评判并不总是坏事，它是一种自然产生且有价值的工具，能为我们的许多决定提供参考。我们会根据获得的信息对人和事物做出判断，且这些判断往往是有益的。举一些常见的例子：我们会觉得治安情况不良的地区的黑暗小巷充满了危险，认为在收容所做志愿者的修女是善良仁慈的人，感觉从哈佛医学院毕业的医生比拿在线文凭的名不见经传的医生优秀。

我们的判断往往能帮助我们避免冲突。例如，如果我们知道有人频繁泄露机密，便可能认为此人不值得信赖，决定不与他分享我们的秘密；如果某人过去常与商业伙伴发生纠纷，我们便可能会认为他是个大麻烦，不应和他一起做生意。在这些情况下，评判可能是有益的。

然而，当评判与恐惧、愤怒、自以为是或怨恨等毒素掺杂在一起时，它就会将我们拉进评判陷阱，引发负面冲突。与生活在洞穴中的时代相比，我们如今面临的威胁类型已经发生了变化，但原始部落式的本能评判方法却与从前如出一辙。生存的威胁已被就业、融入感及自信方面的威胁取代。自古存在的评判方式在我们心中根深蒂固，让我们置身于滋生有害冲突的沃土。就像祖先在面对凶残部落和剑齿虎时做出的反应一样，我们天生也会用恐惧、愤怒和责备来评判陌生人、同事、朋友和家人。

有的时候，评判之心会阻隔通往解决问题的道路。举例来说，想象你迷了路，加油站附近有个人，但你觉得他汽车保险杠上的贴纸内容很失礼，所以不想找他问路；抑或你问了路，但语气中却透出不满，导致对方不愿为你提供帮助（或是故意给你指错方向）。当与他人的合作或有效沟通的能力被有害评判阻碍时，便会产生冲突。这就是评判陷阱。

依靠部落的天性会促使我们不停地寻求某个群体的认同，并且将自己与群体内的其他个体区分开来。这种现象在心理学中被称为"群体内／群体外偏见"，这种偏见会让我们在脑海中建立一个框架，自恃高人一等，从而导致评判和冲突。当一个朋友在社交媒体上发表政治观点时，我们会因此给他贴上标签并对他加以评判（他显然只关心自己的政党，对国家整体利益却漠然置之）。当一个同事穿着运动裤出现在办公室时，我们会对他评头论足（稍微注重下形象吧，你这个邋遢鬼）。如果允许这类评判主导我们的思维，我们的大脑就会拿评判的内容取代有关他人的未知信息。我们会做出自己的假设，但我们其实不知道同事今天为何穿运动裤上班，因此，这种假设会导致负面冲突。同事或许有非常充分的理由，但当评判之心作祟时，还未掌握全部事实的我们，可能就会判断他是一个不认真对待工作的邋遢鬼。

和陷入其他冲突陷阱时一样，我们的评判也会影响我们的沟通方式。评判陷阱包含两方：做出评判的一方和受到评判的一方。有害评判产生的后果对双方都会造成负面影响。

有害评判的后果

想要知道某种评判是否有害，有两种反应可以作为衡量标准。如果我们受到来自自己或他人的评判，却没有承受后果，这种评判就是无毒的。然而，如果产生了其中一个或多个后果，就代表我们陷入了评判陷阱。第一个后果是这种评判导致我们采用指责式的沟通方式，引发他人的负面反应；第二个后果是我们对自身的评判为自己平添负担，消耗了宝贵的时间和精力。

1. 在沟通时产生负面反应

有害评判的第一个后果在于，这种评判会体现在沟通之中，引发并加剧冲突。当人们用指责的语气或语言对我们说话时，我们便会产生戒备心，心生怨恨和愤怒之情。

充满评判的交流通常会带来居高临下之感。大多数人都讨厌成为被指责的对象，并且可能因此一意固守自己的立场，而不考虑对方的观点。我们在潜意识里觉得，如果在某个问题上让步，就等于验证了对方对我们的负面评价。如果我们承认一个爱品头论足的人对某个观点的判断是正确的，那就等于承认他发表的一些负面评价有道理。这可能会巩固对方脑中既存的等级观念，让对方更加确信自己比我们优越。因此，我们奋力捍卫自己的地位，这并不是因为我们有强烈的信念，而是因为我们觉得自己是在捍卫某种比信念重要得多的东西：我们在等级中所处的地位，即自我认知。

同样，我们对他人的评判也会影响到被评判的人。我们可能会不认同一些人的行为或生活方式，因此，我们会对他们有看法。虽然我们可能不会有意识地承认自己对他人心存芥蒂，但这些评判会转化成感觉，存在于我们的思想当中。有时，我们虽然能充分意识到自己带有评判之心，但仍选择紧抓那些具有强烈评判性的观点。如果我们是在对一个永远不会再见到的人指责挑剔，那也无伤大雅。但如果我们希望与对方产生互动，那么清晰透明的沟通就非常重要。如果不加以控制，我们说话的语气中就会不自觉地带着

"评判"的态度,而这有可能制造新的冲突,或为已有的冲突火上浇油。

我们常常把别人对自己的评价视为对自己人格的指责。有的时候这种想法非常明显,而有的时候它们却藏在潜意识中。每当有人声称自己被别人冤枉,都可以理解为此人的人格受到了指责。

· 有人说你在咖啡店插队(暗指你在作弊)。
· 邻居抱怨你在车道倒车时轧了他的草坪(暗指你很粗心)。
· 有人指责你将车偷停在了他的停车位(暗指你很自私)。

一旦成为这些评判的对象,我们就会觉得自己受到了指责。也许对方的评判是恰当的(或许我们真的粗心大意或是故意犯错),在这种情况下,大多数人都倾向于接受并道歉。但如果评判毫无根据或是对方反应过激,我们的防御机制便会阻止我们承认错误,然后立马以牙还牙,指责起对方来。这时,评判便会飙升至有害水平,导致冲突升级。

在沟通中,无论是有意还是无意进行的有害评判,都会成为解决冲突的障碍和煽动情绪的火焰,会将我们拽入评判陷阱。本章我们将讨论消除这种有害评判的方法,接下来我们来看看落入有害评判陷阱的第二个后果。

2. 耗费时间和精力

有害评判会促使我们抓住恐惧和愤怒等毒素不放，导致时间和精力被白白消耗，这就是有害评判的第二个后果。我们可能会在一个亏待我们的人身上浪费几年的时间，而不是把这些精力放在更有用的地方。我的朋友詹妮弗就是典型的例子。

为了一个比詹妮弗的母亲年轻许多的女人（她只比詹妮弗大4岁），詹妮弗的父亲放弃了这段婚姻。可以理解，父亲对母亲的伤害和对家庭的破坏都让詹妮弗心生怨恨。她认为他的行为是错误的，觉得他应该受到惩罚。这种评判支撑了詹妮弗的怨恨，让她认为，父亲被怨恨是罪有应得。

詹妮弗的评判为怨恨赋予了意义，让她觉得自己有充分的理由记仇。这也成了她与父亲关系的显著特征，主导着她每一次与父亲的沟通和每一次关于父亲的谈话。她的评判不断强化着这样一种观念：父亲是错误的，理应受到她的惩罚。这种愤怒消耗了詹妮弗的时间和精力，而这些资源本可以更好地被用来追求自己的目标。

事后詹妮弗承认，多年以来，她一直被自己的评判之心拖累和阻碍。尽管她花了大量时间和精力来指责父亲，但父亲的行为并没有改变，而且这种评判也无法弥补父亲对母亲的亏欠，只是在浪费她的时间和精力而已。

每个人的一生都在致力于满足基本需求。这些需求包括身体健康（食物、居所、安全和健身）、人际关系（爱、归属感、欣赏和接受）、自主（自由、空间、独立和选择）和意义（使命、成长、自我表达和能力）。当这些需求得到满足时，我们就会感到满足。如果这些需求没有得到满足，我们可能会感到害怕、愤怒或悲伤。我们都以自己的方式体验过这种心态，也知道这种心态会消耗多少能量。这种处理情绪的方法会直接让我们落入评判陷阱，在那里待的时间越长，评判造成的伤害就越大。时间和精力都是有限的资源，当我们越是把时间浪费在评判别人上，用来实现自己目标的时间就越少。这是有害评判带来的第二个后果。

有害评判会让我们远离自己的目标。无论是干扰沟通，还是消耗时间和精力，有害评判带来的影响都是负面的。这不仅适用于个人层面，也适用于组织或社会层面。但我们可以采取一些措施来提高自己的意识，这些措施可以防止评判干扰我们的目标，避免在沟通过程中让有害冲突继续发酵。

如何为评判排毒

有害评判的后果虽然普遍且难以察觉，却是完全可以避免的。通过一些简单的策略，我们就可以避开评判陷阱，从而有时间和精力去实现目标，打造更有意义的人际关系。对我们来说，做出评判是自然而然的事情。有的时候，评判是有益的（比如保护我们远离那些想要伤害我们的人），但有的时候，评判却会让我们偏离自己的目标。值得庆幸的是，我们可以有意识地正确看待自己的评判，防止自己被推向有害冲突。具体方法如下。

把别人的评判当作学习的机会

来自他人的评判，可以成为积极行为的驱动力。没有人能避免犯错或不做出让自己后悔的事。在这些情况下，别人对我们的评判可能是恰到好处的。有的时候，只有感觉受到别人的评判，我们才能意识到自己的缺点。虽然这种感觉不好受，但对任何一个愿意从失败中吸取教训的人来说，这些评判都是有价值的。

有一次和几个同事开会时，跟我还不太熟的约翰提出了一套我不认同的做事方法。我立马对约翰的建议表现出不屑一顾的态度，但我没有注意到这样的反应竟然让约翰在接下来的会议中缄口不语。

会后往外走的时候，我看到苏珊一脸不满地对我摇了摇头。我和苏珊已经相识多年，而且我一直很尊敬她。这个表情我以前见过，也知道是什么意思。我回看过去，用眼神问："我做错什么了？"她看了看约翰，然后又看了看我，那眼神好像在说："如果你连自己做了什么都不知道，我更为你感到羞愧。"

这段无言的交流只用了不到两秒钟的时间，但她的指责就像沉重的铅一样压在了我的身上。我很快就意识到我的反应让我和约翰陷入了霸凌陷阱，或许还为未来的小组讨论设下了逃避陷阱。我向约翰道了歉，和他进行了一次愉快的交谈，为我们之间的关系奠定了积极的基调。我经常会想起这件事，并且提醒自己注意，我们的行为会对他人产生不可估量的影响。这件事发生之后，我的觉知变得更加敏感了。

如果某人的评判能使我们意识到自己犯了错，促使我们对自己的行为负责，这种冲突便是有益的。然而，如果任由防御机制驱动我们对他人的评判做出反应，那就无异于错过了一次个人成长的机会。面对苏珊的指责，自然的防御机制可能促使我为对约翰的不屑一顾找理由，避免因犯错而感到羞耻。这种做法可能会使我们建立一种消极的关系，并且可能在未来制造消耗能量的冲突。

与苏珊沟通的益处在于，我认识到了她对我做出评判的本质：我犯了一个错误，她对我进行了指责。这样的评判是言之有物的。感受到她的评判时，我抑制住了为自己的行为找借口的冲动，没有因苏珊眼神中对我的指责而感到受伤，也没有让自己的自尊心遭到重创。相反，我意识到她给我的反馈正是我需要的。

下次听到别人对你评判时，请克制住为自己辩护的本能。相反，努力去理解别人为什么会对你如此评价，你可能会意识到自己犯了错，从而纠正自己的行为。例如，如果不自觉地插了队，你可以及时道歉，把位置还给别人。

有的时候你可能会发现，别人的评判更多的是他们自己的问题，而与你的行为无关。例如，一位同事或许因为上的大学比你的更负盛名而用居高临下的语气和你说话。这跟你本人一点儿关系都没有。这位同事对母校的执念，不值得你浪费感情。

不加评判地交流

在沟通中，我们可以选择传播有害评判，也可以选择消除有害评判。每个人都对别人抱有先入为主的看法，想要不加评判地沟通，就要确保我们在表达这些评判时不会制造冲突或偏离目标。

当我们想要评判有些人时，我们便立即站在了一个十字路口。即使能在理智上忽略这种评判，但想要指责的感觉仍然存在，且可能在沟通中流露。然而，如果承认对方引发了我们想做出评判的冲动，我们就能有意识地选择是表露这种心迹，还是不加评判地与之交流。

我的朋友布鲁斯分享了一个面临这种选择时的小故事。几年来，布鲁斯的母亲一直有一位名叫安妮的居家护工。一天，安妮通知布鲁斯的家人，说她要换公司了。布鲁斯一家都很喜欢安妮，想继续跟她合作，因此，布鲁斯联系了新公司并做了相关安排。一周之后，布鲁斯收到了安妮的前公司老板来信。信中声称，布鲁斯不能通过任何其他公司雇用安妮，并威胁会采取法律行动。

没有什么比威胁采取法律行动更能快速升级冲突的了。就像我们的祖先在生存受到威胁时的表现一样：在受到这样的威胁时，大多数人都会感到极其恐惧和愤怒。不幸的是，这些不舒服的感觉往往会让我们以消极的眼光看待对方。我们可能会认为他们刻薄、难以相处、恃强凌弱或者愚蠢（甚至可能样样占齐），而这些评判会促使我们做出相应的反应。

布鲁斯曾是一名律师，他发现这封信中提出的法律问题站不住脚。这家公司老板咄咄逼人的态度给布鲁斯留下了负面印象。显然，这位老板对问题的考量欠周全。布鲁斯对其领导风格进行了推测，并开始怀疑老板本人的性格是否就是促使这位护工更换公司的原因。还没有读完这封信，以牙还牙的回应方式就已经在他脑中成形。他准备立即回复一封言辞激烈的信，以其人之道还治其人之身。

但除此之外还有一个问题。这些年来，布鲁斯已与那家公司的老板相熟，但这封信似乎并不符合老板的性格。尽管他怒火中烧，已经开始对对方产生负面看法，但他还是把评判之心暂时放在一边，专心思考与这位老板打交道的经历和那封信上描述的矛盾。布鲁斯没有开启自己"战或逃"的反应，而是考虑到了别的可能。

布鲁斯并没有鲁莽发信加剧矛盾，而是给对方打了个电话。在两人谈话的过程中，他并没有带任何的评判之心，而是真心想要知道事情的原委。就这样，他用同理心和同情心与老板进行了这次对话。结果，那家公司的老板对他敞开了心扉。她承认自己这位护工转去为竞争对手工作时，她感到受了伤害，难以抑制自己的愤怒。她说，这封信是一位律师在很久以前为一件与此事毫不相干的事情写的，她修改了日期，然后就发给了布鲁斯。她承认自己并没有考虑到这封信会对其形象造成负面影响，是在一时冲动下发出了这封信。

　　布鲁斯或许有充分的理由指责对方，但按照这样的评判行事，可能会导致冲突升级并消耗大量时间和精力。在这场冲突中"获胜"，远不如布鲁斯通过一个电话取得的成效有价值。当布鲁斯带着发自内心的好奇心和同情心进行沟通时，他便将指责的口吻清除了。这个例子让我们清楚地看到即便有充分的理由指责对方，我们也可以通过不加评判的交流远离评判陷阱。

　　所以在评价某人时，我们可以使用不带指责的语言进行交流，不把评判之心传达给对方。一种有效的方法就是专注于描述而不是评价。比如，如果你是一位家长，不要说"你的房间跟猪窝一样，这是我见过的最乱的地方"，而是说"地板上扔着衣服，桌子上堆着香蕉皮，这些都得捡起来"。在描述养猪场的某个区域时，"猪窝"这个词或许不带什么批判性，但在描述某人的卧室时，批判性就显而易见了。如果家长能避免使用这个词语，便可将有害评判从交流中剔除。这位家长可能要花很长时间说服孩子收拾杂乱的房间，但至少不大可能在这个过程中触发孩子的心理防御机制。

　　如果发现自己和对方意见不一致，你可以思考对方的要求是否合理，而不是囿于你对这个人的看法，在听对方说完话之前就急于下结论。用发自内心的好奇来深入了解对方的处境，让这种理解推动你们的交流。让对方提出解决方案（如果真能提出来），让对方向你解释如何一步步达到预期目标。使用这种方法，原本认定对方错误的你便可以转移注意力，考虑对方或许也有对的地方。这种做法还会让你采取一种不带评判的语气，不必有意注意，就能使用不带指责的语句。这样一来，讨论自然会集中在寻找最佳解决方案上。

有的时候，在交流中表达评判或许很有益。关键点在于，带有评判的交流应是一种有意识的主动决定，而不是一种轻率而情绪化的消极反应。拿上文我和苏珊及约翰的例子来说，我的行为导致苏珊指责我，因此她给了我一个明确的带着责备的眼神。这是苏珊有意为之。她很了解我，也明白在那时，如果想要提供我所急需的反馈，最有效的方法就是把不满传达给我。苏珊并没有陷入评判陷阱，因为她是在有意识地做出自己的评判，在沟通方式上也很讲究。

用后即弃

如果评判有用，那就坚持；如果无用，那就放弃。精力是一种有限的资源。越是爱评判别人，就越没有精力去实现自己的目标。但是，我们总有选择退出和放手的能力。如果有人伤害了我们或做了我们不喜欢的事情，我们自然会进行指责。如果我们能从中汲取经验并以此为基础来引导自己的决定，那么这就是一件好事。比如，如果有人泄露了我们私下分享的信息，我们可能会认为此人不值得信任，决定从此不再跟这个人分享秘密。这就是保护自己免受潜在伤害的聪明做法。但在此之后，我们就应该放下评判。如果

137

我们对他人进行责难和惩罚（比如在同事面前说这个人的坏话，或是不让这个人参加重要会议），从而任由评判消耗更多的时间和精力，就等于将精力浪费在了无益于实现目标的事情上。

想要责怪和惩罚那些伤害自己的人是人类非常自然的反应。但是，更重要的是要意识到在急于表达感情和怪罪别人时，我们正在把幸福的控制权交到别人手中。

心怀怨恨、责备数落和以牙还牙，都会耗损我们追求目标的精力。对方或许理应受到我们的批判，但这并不意味着我们要将这样的重担背负在自己身上。评判滋生了会伤害我们的恐惧和愤怒等毒素。我们愿意在有害评判上消耗多少时间和精力，就意味着我们落入评判陷阱的程度有多深。

一旦感觉你的评判之心已被触发，意识到自己一心只想对人加以指责和惩罚，就请马上按下暂停键。认识到自己的评判之心已被激起时，请将注意力转向内心。对我们的祖先来说，当敌对部落试图偷走冬季储粮时，他们才会产生恐惧、愤怒和指责等情绪，而对我们来说，同样的威胁出现的概率极小。因此，请让评判之心推动你朝目标前进，一旦它不再有利，就请及时放弃。

对评判之心的有意觉知会赋予你力量。当你发现自己陷入评判陷阱时，要意识到你是在主动把控制情绪的权利交给别人。你让评判之心消耗了本可以用来满足自己需求的时间和精力。无论你的同事是否背叛了你的信任、你的岳父是否对你进行了指责，都要在有益的前提下发起评判，用后即弃。我们都有能力克制有害评判，阻止自己陷入评判陷阱。

接下来，我们将会看到沟通在冲突中发挥关键作用的另一种方式。大家将学习如何通过让对方感觉自己被理解来消除互动中的毒素。下面出场的是：一位不遵守数学运算顺序的中学生，一位在确诊疾病之前就给病人开刀的外科医生，一位还没摸清泄漏位置就开始动手的水管工……

洞悉评判陷阱

◎ **并非所有评判都会引出陷阱**

评判是一种很有价值的工具,能够帮助我们做出决定。但是,当评判与恐惧、愤怒、自以为是或怨恨等毒素掺杂在一起时,就会将我们拉进评判陷阱并引发负面冲突。

◎ **评判是一种自然的冲动**

我们的祖先不得不根据极少的信息快速做出决定,人类的评判本能让他们得以生存繁衍。如今我们已不再面临这种险境,但我们的大脑在受到威胁时仍会做出与祖先面对剑齿虎时一样的反应。

◎ **有害评判的后果**

- **在沟通时产生负面反应**:我们给对方的评判可能通过我们的语气和措辞表达出来,导致对方产生戒备心,心生怨恨和愤怒之情。
- **耗费时间和精力**:即使对方理应被我们指责,但固守评判也会为我们带来重负,消耗我们本可以用来实现目标的宝贵时间和精力。

避开评判陷阱的工具

◎ **把别人的评判当作学习的机会**

被人评判的感觉不好受,但有的时候,我们只有感觉受到别人的评判,才能意识到自己的缺点,从而取得进步。

◎ **不加评判地交流**

专注于陈述事实而非做出评判。我们有能力在想要评判时仍选择使用不加评判的用语。

◎ **用后即弃**

保护我们免受伤害或是能让我们朝着更大目标迈进的评判是有益的;而对那些无法保护我们或导致我们偏离目标的评判来说,还是放手为好。

第六章

学会倾听

你可能听到了我的话语，却没有听到我的心声。

——一个深陷有害冲突的人

沟通的最大挑战之一在于，当别人说话时，我们往往只会听到我们想听的，而不是对方实际表达的。这样的沟通不但会产生误解，还会伤害感情，让沟通的意图功亏一篑。

沟通不畅是导致有害冲突发生最主要的原因。大多数悬而未决的争论和激烈分歧的核心，往往就是无效沟通。针对这种问题最有效的解决办法就是掌握一些沟通技巧，这些技巧会让对方感到自己能被理解。

很难做到真正的倾听

为了让人们感觉自己被听到，我们必须倾听。这看似是一句多余的话，但仔细倾听的确是解决冲突的关键技能。事实上，除非一方认真倾听和努力理解，并且将这种体会传达给对方，否则大多数冲突都无法得到解决。本章的目标就是让各位读者成为主动倾听的那一方。

沟通时无论是牵扯到激烈的情绪问题还是根深蒂固的理念，都会让倾听他人变得非常困难。其中一个原因就是一种得到广泛研究的心理学现象：确认偏误。确认偏误是指人类倾向于支持那些证实自己现有理念的信息，而忽略与这些理念相矛盾的信息。我们倾向于看到自己正在寻找的东西，而不是实际存在的东西。在与持有相反理念的人交谈时，我们往往不会主动理解对方论点的基础，而是在其陈述中寻找漏洞，以证明自己正确而对方错误。

投资巨擘沃伦·巴菲特（Warren Buffett）完美地总结了确认偏误，他表示："以保护自己既有结论不受质疑的方式解读所有新信息，这是人类最擅长的事。"说服坚定的民主党人或共和党人承认自己的候选人存在严重缺陷，几乎是一项不可能完成的任务，而其中的原因就在于确认偏误。

我在法学院时参加了一次谈判研讨会，确认偏误的威力让我大受震撼。上课时，教授空着手踱进了教室。这是一个重要的信号，因为在平日里，他总会拿着公文包和学生的指定读物走进教室，有时候还带着一两份书面练习。

"有多少人反对堕胎？"没有任何寒暄，他直入主题地问道。我心想：哇，他竟然要讨论这么敏感的问题，这堂课应该会很有意思。我惊讶地发现，班里的同学对这个问题基本是一半支持、一半反对（事实证明，根据大多数民意调查，美国民众的整体支持率也是这样的）。教授将反对堕胎和支持堕胎的人两人分为一组，然后表示：

"好的，以下是一个简单的练习。一号辩手，向你的同伴陈述你的立场，并且加以解释。二号辩手，你要做的就是重复一号辩手为其立场说明的理由。唯一的规则是，你不能仅仅简单重复对方说的话，必须用自己的话重申对方的理由。"

接下来发生的事情出人意料、十分有趣，并深入揭示了人类沟通的动态。原来，大多数人都无法复述对方的理由。我听见班上许多同学的对话，他们都觉得搭档没有听懂自己的话：

辩手一："我支持堕胎，因为我认为政府无权要求一个女人应该如何对待自己的身体。"

辩手二："明白了。所以你认为，对女性而言，合法生育要比失去一个新生命更重要。"

辩手一："我不是这个意思。"

辩手二："你就是这个意思。"

辩手一："你凭什么说把意外怀上的孩子怀到足月只是一种'医疗上的不便'！何况还有强奸导致的怀孕呢！"

***

辩手三:"我反对堕胎,因为我相信,一个未出世的孩子和任何已经出生的人一样,都拥有生的权利。"

辩手四:"你反对堕胎,因为你觉得,在女性医疗保健的问题上,国会里的一群男人要比女人更有资格做决策。"

辩手三:"什么?我可没提什么医疗保健决策,我在说保护人命的事呢。"

***

辩手五:"我支持堕胎,因为禁止堕胎并不会阻止堕胎发生,只会让堕胎变得不安全。"

辩手六:"你想让一个女人更轻易、更安全地杀死未出生的孩子,而不是面对自己的行为带来的后果。"

辩手五:"你到底听没听到我在说什么呀?"

在这些学生之中,我已与许多人在法学院共处过几年的时间,我知道,他们都是通情达理和善于理性思考的人。看到大家能不假思索地严重曲解对方的话,真是让人大吃一惊。那天,和其他人一样,我也发现自己难以复述搭档的理由,因此从多个角度来说,这件事都让我大受震撼。

堕胎是一个非常适合用来做练习的话题,因为这是一个充满激烈情感的问题。很多人强烈支持堕胎,也有很多人坚决反对堕胎。

我们很容易以某人在对待堕胎问题时的立场为基础，推断此人大致的信仰和性格。这个话题发掘了立场截然不同的人之间可能产生的对话，因此放在这个练习里非常合适。

绝大多数艰难的谈判，都涉及双方都很重视的议题。当我们的意见被忽视或对方拒绝接受我们的观点时，我们都会感到沮丧。何止是沮丧，简直让人气不打一处来。当对方不愿意理解我们时，我们也不愿意理解对方，这就形成了一个负反馈循环。

想象这样一个场景：一个名叫保罗的人想要解决与另一个人的矛盾。保罗专注于解释自己的观点，直到感觉对方明白才停下来。他觉得，如果不完成这一步，他就无法进入解决问题的下一环节。保罗之所以这么做，是因为他不愿得出一个没有考虑自己立场的解决方案。保罗有一个没有说出口（或许是无意识）的想法：如果对方不了解我的需求和需求背后的原因，我们又怎能找到一个公平的解决方案呢？如果不完成这一步，矛盾就很难解决。这个步骤持续的时间越长，保罗耗费的精力就越多，也会越发感到沮丧。随着挫折感的积累，信任逐渐消失，障碍也不断增加。不跨越这个障碍，就无法提出解决方案。这些障碍不仅加大了解决问题的难度，也白白消耗了各方的精力。

现在，把自己想象成冲突的另一方。假设你把注意力集中在保罗需要完成的这一步上，那么为了帮助他跨过这道坎，想一想，解决保罗眼下面临的问题会给你们两人带来怎样的共同利益。越早让保罗相信你理解他的处境，你们就能越早协作解决矛盾，运用在解决问题上的精力也就越多。一旦证明你理解了保罗的立场，保罗就会感觉到被人倾听和认可。当然，让保罗完全理解你的处境也同样重要，一旦感觉得到你的理解，保罗便更能理解你。保罗不再沮丧懊恼，可以拿节省下来的精力去寻找解决方案了。

在上九年级[1]之前，大家可能都学习过数学的运算规则，这些规则控制着数学表达式中不同运算的顺序。我之所以一开始选择法律，就是因为数学成绩欠佳，所以没有什么资格帮大家温习旧课。但是我可以告诉大家，乘除优先于加减是运算法则，括号内的项优先于括号外的项。如果打乱顺序，在进行乘除之前先进行加减，你就会得出错误的答案。同理，一位在看 X 光片之前就给病人做手术的外科医生，或是一位没摸清漏水的地方就开始挖管道的水管工，都犯了颠倒顺序的错误。（顺便说一句，我之所以选择律师作为我的职业，另外两个原因就是不擅长外科手术和不会修管道。）

这一点也同样适用于解决冲突：如果在了解对方立场之前就试图协商解决方案，就会得出错误的答案。先听听对方的立场，确保自己完全理解。在试图解决冲突之前，务必先进行这一步。然而，即使遵循了正确的顺序，我们也往往会因为确认偏误而没能倾听对方真正的心声，因此，我们必须首先克服这个障碍。

---

[1] 相当于我国的高中一年级。

克服确认偏误

有两种方法可以帮助我们克服确认偏误。第一种是意识到这种倾向是如何混淆我们的判断的（这一点说起来容易做起来难），第二种是留心寻找与我们当前信念相悖的信息。通过强迫自己审视问题的另一面，我们能做出一个兼顾双方的公平评价。

当我还是一名诉讼律师的时候，我想出了一个提醒自己注意确认偏误的技巧。我一向对自己负责的案件充满热情，这股热情能激励我应对任何困难。通常来说，这是一件好事，因为如果连自己都不相信自己能解决案件，就无法说服法官或让陪审团相信。但与此同时，这种热情也为确认偏误奠定了坚实的基础，因此具有危险性。我总结的技巧是，如果觉得不可能输掉某个案子，这就是一个预警信号，表明确认偏误正在影响我的判断。这个信号意味着案子中有我看不到的威胁，需要我提高警惕。我会充分考虑输掉官司的所有可能，以便加以防范。败诉本身已经很糟糕了，如果被一个我没有看到的威胁遮住了双眼，那我就会输得更惨。

无论是在商业谈判还是在与家人和朋友聊天时，这种方法对所有类型的冲突都很有效。对抗确认偏误的一个好方法是接受这样一种心态：对于任何问题，你的观点中都存在你没有留意到的瑕疵，而与你相反的观点中也存在你还没有意识到的合理性。

虚荣心也有助于我们与确认偏误做斗争：如果你不想让自己看起来愚蠢无知或心胸狭窄，那就提醒自己，这两种特质都是确认偏误能够带来的。首先预设你掌握的知识尚不完整，你的观点尚且片面，这样一来，你就能训练自己带着好奇心去应对硝烟四起的辩论。接受自己当前的想法肯定存在漏洞，你接下来需要做的就是抵抗确认偏误，了解更多相反的观点。

关键在于积极挖掘与你的现有观点不一致的信息，寻找所有有助于发现当前观点漏洞的信息。如果你与持相反观点的人发生了冲突，那就把对方视为一个信息来源，这可以启发你发现自己所缺失的东西。这么做的目的不是试图反驳对方的观点，而是试图理解他的观点。这种方法会带来一个额外的好处，那就是推动行为朝着化解冲突的方向发展。如果你能带着真正的好奇心向对方提问，对方就很可能把你视为一个虚心豁达的人，也会认为你是在尽力深入地了解他们的观点。

在上面那个关于堕胎的练习中，我的教授不仅希望大家关注一个与律师或谈判有关的问题，他更想让大家了解一个关于人性的问题。在面对冲突时，大多数人并不会倾听对方的观点，至少不会发自内心真诚地倾听。相反，我们倾向于关注那些能够证实自己观点的细节，对与我们的观点相矛盾的细节却视而不见。在对方说完观点之前，我们就已经开始在心里设想自己应该如何回应。有时候，我们会根据一些片面的陈述对对方的观点进行假设，甚至会对对方的性格下一个武断的结论（这可能要比我们愿意承认的更频繁）。然而，如果能抵抗这些自然产生的确认偏误倾向，我们就可以扭转局面。

发自内心的好奇能够促进发自内心的倾听,而发自内心的倾听也能促进发自内心的理解。

一旦克服了确认偏误,完全理解了对方的观点,下一步就是表示你理解,让对方感觉自己的观点被听到了。如果在让对方感觉自己的观点被听到了之前就试图化解冲突,就等于颠倒了操作的顺序,这个方法也就失效了。

道歉

道歉是一个很好的例子,说明缺乏理解如何让冲突变得有害。没有表明理解对方为什么生气就道歉,就像学生不按运算顺序做数学题一样。这种道歉不会让当事人感觉自己的观点被听到了,因此往往没有用。你是否收到过以下道歉?

- "如果你感到生气,我深感遗憾。"
- "不知道我做错了什么,但我给你道歉。"
- "如果我无意中伤害了你,我深表抱歉。"
- "如果我通过什么方式冒犯了你,我道歉。"

没错,这些道歉中包含了"深感遗憾"和"深表抱歉"这样的短语,但没有表达出理解对方生气的原因,因此会让人感觉很空洞,也不真诚。除此之外,道歉的人并没有试图理解道歉的目的。

道歉的关键在于承担责任。通过道歉,我们应该表现出完全接受因为做了某事而产生的后果，以及勇于承担责任。没有这些，道歉就没有什么意义。当然，在某些情况下，人们的确会在没完全明白原因的情况下由衷地感到抱歉。在这种时候，你仍然可以在道歉时表明想要承担责任的意愿，也可以表示为没有明白自己做错了什么而感到遗憾："我不知道自己做错了什么，但我知道我让你难过了，我真的很抱歉。我不知道自己做错了什么，这让我的负罪感更重了。我可能不配得到你的解释，但你能不能让我明白我错在哪里？"

在这个例子中，你是在为自己做的一些不知为何会伤害别人的行为而表示悔意，为不明白自己做错了什么而感到遗憾。你也在努力弄清楚自己的错误，以便承担起纠正错误的责任。

被人误解会让人愤愤不平，流于表面的道歉也会令人懊恼。你有时甚至会觉得对方是在怪罪你，觉得对方连生气的理由都没有："我很确定我没有做任何冒犯到你的事，你非要这么想，那我也没办法。"为"我的所作所为"道歉，既不能证明想要负责的意愿，也不能给人一种释怀的感觉。不仅如此，这样做还会让对方感到愤怒和沮丧。

在采取任何步骤化解冲突之前，你首先要给对方营造自己的观点被听到的感觉。只有做到这一点，你所做的一切才能取得真正的进展。

帮助对方充实论点

想要让对方感觉被听到，最好的一个策略就是比他们更精辟地阐释他们本人所持的观点。你是否曾有过这样的经历？你正在笨拙地摸索着用词，想要把一个困难的概念解释清楚，而对方却突然用一个简洁的句子把你的观点归纳了出来。这种感觉让人眼前一亮：哦，谢天谢地，这个人懂我！同样，在冲突中为对方带来同样的体验，也会让我们更接近迅速有效的解决方案。

我第一次认识到这个原则是在法庭上。在法庭上败诉的感觉很不好。如果法官打断你的话，不等你陈述完案情就做出裁决，就更让人懊丧了。记得有的法官会打断我，扔给我一句"好的，我知道了"，或是"谢谢，我知道这些就够了"。而我只能忍气吞声，只希望能把自己的观点解释清楚。我看到其他律师也有过类似的经历，所以我知道，有此遭遇的不止我一个。

第一次参加迈克尔·塔尔博特（Michael Talbot）法官的审判之后，我突然意识到了这个问题的症结所在。那天他判我败诉，但在离开他的法庭时，我很确定他听到了我的话并理解了我的观点。塔尔博特法官脾气暴躁，经常辱骂出庭的律师，但我尊重他这位法官。这是因为尽管我并不总是喜欢或同意他的裁决，但我每次都觉得，他在做出决定之前已经完全理解了我的观点。

其中有这样一起复杂的案件，涉及多名当事人，并且由多达八名律师代理。案件已经进行了大约一年的时间，有几个问题需要由塔尔博特法官裁决。每个问题都有书面动议[1]、诉讼案情摘要、冗长的证词取录和各类文件,以及提交的一些证据,各方提交的书面文件非常庞杂。一般来说,这些文件都要提前送交法庭,以便让法官在开庭前阅读。然而有的时候,法官在开庭前并不会审查所有内容,大多数法官会听取律师在庭上阐述各自的立场,然后做出裁决。这是一个复杂的案子,因此我预测,法庭上的唇枪舌剑在所难免。

然而,我想错了。

看到我们向法庭前端走去,塔尔博特法官温和地笑着说:"哇,有八个律师呢!看来有了这笔律师费,你们孩子的整个大学教育都有着落了。"大家全都笑了起来,沉默瞬间被打破了。

塔尔博特法官与我四目相对,举起一叠满是荧光笔笔记和便利贴的文件,说道:"卡普,你提交的关于案件的所有材料我都看过了,让我确认一下有没有充分理解你的观点。"

接着,他便复述起我的陈词,与我的律师辩论意见书内容完全相符。不仅如此,他的总结甚至涵盖了我计划在发言中提到的每一个要点。然后,他又转向其他律师,总结他们的论点,复述出发言的重点。他对其中一些论点的阐述,竟然比我们自己在辩论意见书里说的还好。他甚至对一位律师说:"我注意到你没有提到卡普在意见书中引用的证据。我猜,你之所以省略,是因为你认为这个证

---

[1] 一般指会议中的临时建议。

据对案子没有帮助。如果你觉得我的推测有误，尽管告诉我。"

这位法官做足了功课。他清楚地表达出每个人的观点，并且真诚地要求我们每个人确认他的理解是正确的。随后，他做出了裁决并解释了裁决背后的原因。他瞄准了我的一个证据上存在的漏洞，对我予以否决（真是"打脸"）。显然，他对这个案件了如指掌，对每个问题都颇有把握。我虽然输了官司，却不像平常输官司那样恼火。

那天与塔尔博特法官的会面启发了我，现在每当想让别人听到我的心声、认同我的立场或听从我的建议时，我就会采用他当时的方法。这种方法看起来非常简单：向对方解释我的观点之前，我会先复述对方的观点，而且要比他们自己说得更加头头是道。然后，我会向对方确认我的理解是否正确，或者是否存在什么遗漏。如果我真心想要理解对方，那么这种真诚也会传达给对方，有助于双方建立信任关系。只有在对方告诉我没有什么需要补充之后，我才会开始阐述自己的观点。根据我的经验，这种方法可以更快地解释清楚矛盾所在。在此之后，我们往往会发现双方之间的分歧并没有原来想象的多，从而能够迅速将焦点转移到解决争论点上。面对冲突时，越早解释清楚矛盾所在，双方就有越多的精力寻找公平的解决方案。

每当遇到反对的观点或是某人的目标与你的相冲突时，在阐述自己的观点之前，请先关注对方的观点，试着比对方更清楚地表达其观点。如果你能成功做到这一点，对方便会立即停止解释自己的观点，这样一来，解决问题的基本步骤就完成了。如果你的目的是想让对方同意你的观点，你会发现，一旦对方确信自己的观点已经被你理解，便会很容易认同你的观点。

我喜欢这种尝试对别人的论点进行完善的方法，因为这会让你自然而然地进入一种更加体恤他人的心态中。你会努力理解对方的想法，并提出相关的问题，而不是对其论点加以评判，然后一心盘算着该怎样回答。这是因为，你知道自己需要用一种更有说服力的方式把对方的观点一一复述出来。这样一来，你内心的批评家仍有现身的机会，但是你却不会专注于找出别人论点中的漏洞，而是想办法对其加以完善。

如果对方觉得自己没有被倾听和理解，那么冲突就很难得到化解。让对方感觉自己被倾听，是达成协议和解决问题的先决条件。

情先于理

想让对方感到被倾听，最有效的方法是在情感上与他们产生共鸣。当沮丧、愤怒和恐惧上升到有害水平时，它们就会转化为毒素。然而，如果能让对方感觉到被倾听，你就能消解这些情绪，剔除冲突中的毒素。想要向别人表明你认真倾听并理解对方，最简单的一种方法就是给他们的情绪贴上标签。

在畅销书《掌控谈话：解决问题的关键技能》[1]中，联邦调查局前人质谈判专家克里斯·沃斯（Chris Voss）解释说，给一种情绪打上"标签"有助于使之得到化解。他表示，让情绪失控的恐怖分子和心理变态者冷静下来的一个关键点，是他在供职于自杀干预热线时掌握的一种技巧：给对方的感受打上"标签"。

跟你说话的人显得很懊恼吗？你可以说："哇，这听起来真恼人。"对方显得很失望吗？你可以试着说："我敢说，你一定很失望吧。"如果你和一个感到抑郁的人发生了冲突，你可以说："嘿，这件事好像让你的情绪很低落。"

用一个特定的名字来描述你观察到的对方正在体验的感受，就是在给情绪打上"标签"。这种做法的妙处在于，即使你对这种情绪的理解有误也没有关系。在这种情况下，对方只需纠正你就行。"不，我没有懊恼，"对方可能会这么说，"我只是现在很疲惫而已。"这会让你更好地了解对方的感受，让对方感觉自己被听到了。

想要告诉对方你理解他们的感受，一个非常有效的方法就是讲一个你曾有过同感的故事。1978年首播的电视情景喜剧《出租车》（*Taxi*）曾斩获艾美奖。剧中丹尼·德维托（Danny DeVito）扮演的角色就是一个很好的例子。剧中的故事围绕着一群纽约的出租车司机展开。

其中一集，德维托饰演的路易·德·帕尔马偷看伊莱恩在浴室

---

[1] 克里斯·沃斯、塔尔·拉兹：《掌控谈话：解决问题的关键技能》，赵坤译，北京联合出版公司，2018。——编者注

更衣，被抓了个正着。伊莱恩感到既尴尬又羞愤，难掩心中的怒气。路易不停地道歉，但伊莱恩不肯接受。伊莱恩说路易并不是真的感到抱歉，因为他根本不明白自己的行为错在哪里，完全无法理解她被侵犯的感觉。

这时，路易敞开心扉，给她讲了一个故事。路易的扮演者丹尼·德维托身高只有147厘米，身材矮胖敦实。他告诉伊莱恩，他每年买衣服时都会经历两次耻辱的时刻。他解释说，要想找到适合自己的衣服，他唯一的办法就是到男童区，问服务员是否有"大码童装"。他说，每当他穿着新衣服走出更衣室时，所有父母都在提醒自己的孩子不要盯着他看，这是他最难熬的时刻。"我偷看你的时候，你就是这种感觉吗？"他问道。

"差不多吧。"她回答。

听到这话，他热泪盈眶地说："老天啊，我真的很抱歉。"

路易这个故事的重点并没有放在换衣时被人偷窥这件事上，而是表示他非常理解伊莱恩心底深处的感受。听完这个故事之后，伊莱恩确信路易的确意识到了自己的错误，也明白自己对她造成了多大的伤害。她明白他的道歉是真诚的，就这样，冲突便得到了化解。

让对方感觉到被倾听，这是消除冲突至关重要的一步。如果你把本书中的其他策略都试了个遍，仍然无法解决一场没完没了的冲突，那就让我们在接下来的一章中探讨如何应对这种情况，是时候向大家揭示不要对企鹅发火的秘诀了。

倾听的意义和难点

◎ **让人们感觉自己被倾听,是化解冲突的关键一步**

如果觉得自己的观点没有得到对方的充分理解,那么大多数人都不愿意思考对方的观点。我们可以通过理解他人来化解冲突。

◎ **确认偏误是一个巨大的障碍**

对既有理念在情感上的依赖不但不能让我们的观点更具说服力,反而还会削弱观点。只有了解了对方观点的优势和自己观点的缺陷,我们才能让对方相信我们已经理解了他们,这样一来,我们才能着手解决冲突。

◎ **发自内心的好奇能够促进发自内心的倾听,而发自内心的倾听也能促进发自内心的理解**

克服确认偏误和让人感觉到被倾听的工具

◎ **承认确认偏误的威力**

　　有意感知确认偏误,可以让我们更好地控制自己的反应。

◎ **寻找能够反驳你的立场的信息**

　　把对方视为一个有价值的资源,让你认清自己的优势和劣势。

◎ **比对方更精辟地阐释他们的观点**

　　如果对方能比你更精辟地阐释你的观点,你便会感觉自己得到了对方的理解。越能更早、更清晰地表达出对方的观点,对方就越能理解你的观点并努力寻找解决方案,而你们也可以将更多的精力投入到问题的解决上。

◎ **把你的理解以充满感情的方式表达出来**

　　分享一个你曾与对方现在的感受相同的故事,表示你的理解是发自内心的。

◎ **解决冲突的操作顺序**

　　1. 通过倾听来理解冲突,用以下方法克服确认偏误:
　　　　a. 承认确认偏误的威力。
　　　　b. 寻找能够反驳自己既有思维方式的信息。
　　2. 表达你理解对方的立场,让对方感觉自己的观点被听到了:
　　　　a. 比对方更精辟地阐释他们的观点。
　　　　b. 把你的理解用充满感情的方式表达出来。
　　3. 制订一个解决方案。

第七章

企鹅不会飞，你发什么火呢？

第七章 | 企鹅不会飞,你发什么火呢?

> 在期望和现实之间,是一个充满了痛苦和冲突的空间。这个空间越大,我们的痛苦就越多。
>
> ——一个想装成年迈智者的人

有时候,只要接受人们本来的样子,接受他们的局限和一切,我们就能有效地减少冲突和摩擦。如果不再指望对方一夜之间奇迹般地变得更有爱心、更加体贴、更负责任或者更[　　　　](在空格里填上任何你想要的特质),我们就可以省去很多不必要的焦虑。我经常用一句话来描述这种心态:企鹅不会飞,你发什么火呢?以下是一则关于我的朋友丹和他的商业伙伴詹姆斯的小故事,可以帮助大家更好地解释这个理念。

丹和詹姆斯一起创建了一家公司,多年来一直很成功。这是一支很优秀的团队,两人共处的时间可能要比他们和任何人在一起的时间都多。然而有一天,丹却向我吐露,每当他在个人生活上取得重大成就时,詹姆斯都会表现得很消极。例如,当丹和妻子订婚时,詹姆斯就不大高兴;当丹在高尔夫球比赛中获胜时,詹姆斯便闷闷不乐;当丹因为在社区所做的慈善工作而受到表彰时,

165

詹姆斯也表现得无动于衷。每当丹为某件事感到高兴或自豪时，詹姆斯就会表现得十分漠然。

丹对詹姆斯的这些反应很是在意。这么多年以来，他的沮丧、愤怒和怨恨与日俱增，每当有类似的事情发生，这些情绪就不断积累。他曾试着和詹姆斯讨论这件事，但詹姆斯却一口否定，说这全是丹的臆想，而这让丹更加沮丧。这场冲突持续升温，丹不知道该如何应对。

通过这些年的交往，我对詹姆斯非常了解，可以肯定地说，他是一个不快乐的人。我不知道这是天生的还是经过生活磨砺的结果，我只知道，他无法感受到幸福。这样说稍显无情：尽管詹姆斯无疑是个有趣、机灵且富有同情心的人，但做一个快乐的人却不在他的能力范围之内。

丹认为詹姆斯应该为他感到高兴，却故意不这样做，自然因此感到生气。每当丹分享好消息的时候，他心中都暗暗希望詹姆斯能为他高兴一次。但是，结果却总是让他失望。

当丹向我倾诉这一切时，我告诉他"不要因为企鹅不会飞而生气"。这件事到底和企鹅有什么关系呢？我是这样对丹说的：

> 你一直等着有一天詹姆斯能发自内心地为你高兴，他只要做不到，你就心情郁闷，这和对一只不会飞的企鹅发火没什么两样。你可能会问："你说的企鹅不会飞是什么意思？"企鹅是一种长着翅膀和羽毛的鸟，有翅膀和羽毛的鸟

是可以飞的，但是企鹅不能，飞行完全超出了它们的能力。詹姆斯也是一样。出于某种原因，他连为自己感到高兴都做不到，更不用说为你感到高兴了。下次你分享好消息时，如果他再表现出不快，那么既不要生他的气，也不要往心里去。他不能为你感到高兴，这不是他的错，因为这完全超出了他的能力。你因为这事生他的气，就像因为企鹅不会飞而生气一样徒劳。

丹告诉我，类似的事情第二天又发生了一次。但是这一次，丹接受了现实：出于个人原因，詹姆斯没法儿为其他人感到快乐。也就是说，詹姆斯是一只"不会飞的企鹅"。所以，当詹姆斯因为丹分享好消息而生气时，丹并没有把这件事放在心上，因为他早已预料到了这种反应。相反，他告诉自己，这只是詹姆斯的本色罢了。

自从采纳了这个建议，丹的沮丧和愤怒便消失得无影无踪。他接受了詹姆斯本来的面貌，接受了他的局限和一切。他为詹姆斯感到难过，希望能帮助他找到快乐，但他现在意识到这是永远不可能做到的。丹认识到詹姆斯是一只"企鹅"后，没有让自己的沮丧上升到有害水平，他剔除了冲突中的毒素，如今，他与詹姆斯的关系也变得健康了许多。

还记得米尔顿吗?

别对企鹅发火的理念可以追溯到第三章"必胜陷阱"中提到过的米尔顿。米尔顿是那种执着于获胜的人,而且是次次都要赢。正如我的委托人所说,诉讼之于米尔顿,就像高尔夫球之于他。诉讼对米尔顿来说就是一项运动。米尔顿不会寻找双方能够达成共识的解决方案,至少说,这样做是有违他本性的。米尔顿的动力、为他的生活带来目标感的东西,是一种对战斗和胜利的强烈渴望。米尔顿就是一只"企鹅"。写到这里,我们不妨来重温一下必胜陷阱的经验和教训,看看该如何与米尔顿这样的人打交道。

记住,就如蜜蜂围绕着花朵打转一样,冲突也与米尔顿如影随形,和米尔顿打交道的确会让人筋疲力尽。与米尔顿这样的人共处,关键是要接受他的本来面目:一只永远不会飞的企鹅。别往心里去,也别以为你能说服这种人改变。越早消除对米尔顿的期望和其本性之间的差距,我们就能越早消除冲突。

如果你不得不和米尔顿这样的人共事(或与这样一个人沾亲带故),那就认清你是在和一只企鹅打交道,不要指望它会飞。假设和你打交道的人是无法改变的,那你就要学会接受他的本性,接受他的一切局限性。一旦这样想,你就能很容易地明确自己面前的选项,并且权衡每一种选项的成本。与米尔顿这类人维持关系通常不会造成金钱上的损失,却会导致你内心的平静被打破。假设这个人永远不会改变,那这段关系是否还值得继续?如果答案是否定的,那么或许是时候放手了。

为了确定一段关系是否值得付出一定的代价去维持，你可以针对这段关系的性质问自己几个问题：你与这个人打交道有多频繁？这段友谊是否值得维系一生？你是否必须和这个人共事？这个人是你的隔壁邻居还是你的岳母？人与人之间不同的关系，其对成本的接受程度也会不同。一旦接受了这个人不会改变的事实，你就可以决定这段关系是否值得维持。如果值得，那么你能容忍的上限是什么？

"休斯敦，我们遇到'企鹅问题'了！"[1]

在你的生活中，有没有哪个人似乎总在做一些惹你心烦的事？或许是你那爱翻白眼、愤世嫉俗的同事，或许是"请求"你周末再加一个班的老板，抑或是一位每次交流时都要为自己多争取一点儿利益的朋友。无论如何，如果某人经常以同一种方式激怒你，那通常就表明你们已经陷入了一种不健康的沟通模式陷阱。

听起来，你好像遇到了一个"企鹅问题"。

朱莉是一个我从小就认识的朋友，她深陷于一个严重的企鹅问题之中。在与前夫约翰离婚的过程中，两人遇到了重重困难。她

---

1 原句是1970年"阿波罗13号"航天飞行期间，宇航员与美国宇航局任务控制中心之间无线电通信中的一句对话，因1995年的电影《阿波罗13号》而广为流传。

表示，两人的关系从结婚之初就很紧张，金钱是引起他们争论的一个大问题。这倒不是说两个人在经济上有什么困难，但每次关于钱的谈话都会落入同样的模式：约翰总会神经紧张，用一种满是烦躁和谴责的语气说话；而这会引起朱莉的焦虑，让她每次都陷入自我辩护的模式，甚至经常不知道自己在辩护什么。她告诉约翰，他的行为对她造成了影响，每一次关于钱的谈话，在他口中都能变成争吵。尽管如此，他还是没有悔改。每次发生这种争执时，她都对他恨之入骨。就这样，朱莉和约翰陷入了一种恶性冲突的循环之中。

对他们来说，离婚是正确的选择，但两人仍然需要共同抚养孩子。没错，也就是说，两人还是逃不开对钱的探讨。约翰在婚姻关系存续时就拒绝接受夫妻治疗，离婚后仍然坚决反对。

朱莉曾经对我抱怨说："他知道他跟我说话的方式会激怒我，但还是一意孤行，就为了气我。"

我回答说："听上去，他在说这些话时自己也会动怒，对吗？"她点了点头。我又问道："你觉得他喜欢那么生气地跟你说话吗？"她稍微想了一会儿。

"不觉得，"她终于开口说，"我敢说，他也不喜欢这样。"

"疯狂就是一遍又一遍地做同样的事情，但期待得到不同的结果。"这句话我并不确定首先出自谁之口，但说得很在理。[1] 我告诉朱莉，虽然我不知道为什么约翰一谈到钱就会有那样的反应，但我

---

[1] 有人误认为这句话出自爱因斯坦之口，但他从来没说过。谁说的不重要，重要的是这句话中的道理。——作者注

知道，同样的谈话他们已经经历过成百上千次，然而每次都会落入相同的模式之中。我问朱莉，下次讨论钱的时候，她觉得约翰会不会还用同样的方式跟她说话。

"这是百分之百的事。"她说。

然后我问道："你有没有想过，约翰可能根本不知道怎么跟你理性地谈钱？"一时间，她一脸困惑。

"我不太理解，"她说，"你的意思是，他不知道该怎么做吗？"

我给她打了个企鹅的比方，告诉她不要把这种行为看作约翰有意的选择，因为他无法控制自己。他和她一样不愿争吵，但争吵还是不断发生。另外，他也不愿意通过治疗来解决这个问题。因此，朱莉有两个选择。她可以选择继续之前的模式，每当约翰用这种意料之中的老方式行事时，她就闷闷不乐。她也可以下定决心接受这个事实，即约翰就是没法儿用她理想的方式谈钱。这只企鹅永远也飞不起来。

公平地说，与其说这件事反映了约翰本人的局限，不如说是这段关系的局限。某些关系的确有其无奈之处（尤其是背负着重担的长期关系）。约翰很有可能可以跟很多人心平气和地谈论钱的话题，不会次次以争吵告终。假如朱莉和约翰能在婚姻中早点儿处理这些问题，他们便可能培养出一种更加健康有效的沟通模式。但即使做到这一点也可能没什么用。对于可能性，我们只能推测，但当下的情况却是我们能够确定的。很明显，两人陷入了一种有害的沟通模式陷阱，朱莉对约翰能够改变的期望只是一种妄想而已。朱莉正在和一只企鹅打交道，而且因为企鹅不会飞而生气是没有意义的。

一旦接受了约翰的行为是无意之举和局限性带来的结果，朱莉就不再认为约翰是在针对自己。在谈话中产生摩擦时，她努力提醒自己对企鹅发火是没有意义的，久而久之，她越是努力提醒自己，她感受到的焦虑就越少。最终，约翰的行为再也不会导致她产生焦虑、立刻防备或勃然大怒了。这是朱莉有意做出的选择。这个选择不仅改善了她和约翰的关系，也改变了她的生活。

是的，你可以选择你的情绪

我们大多数人都认为人们无法控制自己的情绪反应，因为这些反应是不由自主产生的。事实上，我们都具备选择的能力，但这并不意味着我们可以选择完全远离愤怒、恐惧或焦虑。本书的第一章告诉我们，这些情绪是本能反应系统的一部分，深深嵌入我们的DNA；但我们可以让这些本能情绪在数秒之间闪过，不要让其持续几小时或几天那么久。

我们无法阻止最初对外部事件闪现的情绪，比如听到有人对我们大喊大叫时，我们可能会感到紧张；但接下来的事情，则完全在我们的掌控之中。如果任由本能反应继续发展下去，我们的注意力就会随着呼吸和心率的加快而集中，一心想着对方为什么总是给我们制造愤怒或恐惧的感觉。就这样，我们被情绪牵着鼻子走，任由情绪驱动我们进行反应。这是一种选择。

我们也可以选择不被情绪牵着鼻子走，把注意力从本能反应上移开。这本书中的一些策略，可以把我们从本能反应中拉出来，帮助我们获得情感上的觉知。

第二章告诉我们"购物清单语气"如何化解愤怒，控制生存情绪。

第三章建议我们——"如果你发现身体对冲突起了生理反应，比如脖颈的汗毛竖了起来或是呼吸加速，那就停下来，暂缓片刻，问问自己：我是不是掉进了冲突陷阱？对方是不是也落入了陷阱？"

第六章告诉我们如何给情绪打上"标签"，让情绪更易于管理。

一旦学会打破恐惧和愤怒这些本能反应，我们就有了掌控情绪的能力，而不是任由情绪控制我们。打破这个循环并不容易，但可以通过练习掌握方法。越是努力练习，就越能熟练掌握。

这些年来，很多人都向我倾诉过对同事的不满。发泄是一个绝佳的例子，它让我们看到"任由情绪牵着鼻子走"而不是试图打破情绪是什么样子。当然，人们有的时候的确需要发泄，这无可厚非。但在这些沟通中，我注意到了一些有趣的现象：在抱怨同事的时候，人们最常问我的一个问题是"这个人为什么老是这样做？"。虽然这个问题只是一种对不满的表达，但实际上也是一个实实在在的问题，且存在答案。如果能找到答案，对解决问题来说就非常有益。

如果某人的行为总让你产生沮丧、愤怒或其他不良情绪，那就好好想想这个问题吧——这个人为什么要这么做呢？你觉得这个人一直重复这个模式，是为了给你的生活带来痛苦吗？如果答案是肯定的，那就听从第二章的建议，尽快远离这个人。但绝大多数情况下，我们不妨推测，这个人的行为背后还有另一个更深层的原因。

这个人或许并没有故意刁难你，问题或许出在你对这个人的期望上。你的期望或许已经超出了对方的能力范围，或许你希望这个人看到一些超出其视觉范围的图像，听到一些超出其听觉范围的声音，或是跳出其思维定式去思考解决方案。抑或问题在于你们已经陷入一种根深蒂固的有害交流模式陷阱，你们的关系中已经背负了太多包袱，导致彼此的行为无法自动发生改变。如果以上这些可能性听起来有道理，那么你或许是因为企鹅不会飞而发火的。

选择接受

《别对企鹅发火》这本书是一堂关于接受的课程。伊丽莎白·库伯勒-罗斯（Elisabeth Kübler-Ross）的经典著作《直到最后一课：生与死的学习》（*On Death and Dying*）改变了人们看待悲伤和处理悲伤的方式。这本书中最有名的内容，是对悲伤的五个阶段的阐述，即否认、愤怒、讨价还价、抑郁和接受。如果遇到难以接受的现实，尤其在深陷企鹅问题时，我们就可以运用这个框架。

如果与某个没法儿直接从生活中割离的人频繁发生冲突，不妨换个角度来审视你们的关系。

想象一下，你和某人在工作中出现了问题，两人似乎总是针锋相对。也许这个人在用一种充满指责或不尊重的方式对你说话，也许是这个人的语言引发了你的"战或逃"反应。我们从第一章中知道，这绝不是培育有益冲突的沃土。用悲伤的五个阶段来处理这个问题，我们可能会得出以下认识：

否认："我绝不允许他再用那种语气跟我说话了。"

愤怒："他明明知道我不喜欢，却偏要这么跟我说话！"

讨价还价："如果我保持沉默，这次的冲突就会很快结束，而且再也不会发生了（这也带点儿否认的意味）。"

抑郁："他在跟我说话的时候老是这样，而且不可能有所改变了。"

接受："他就是这样一个人，在这种情况下是没法儿改变的。要想让事态有所改变，全都要靠我，我必须得成为那个先做点儿什么的人。"

想要剔除冲突中的毒素，我们就要选择接受。选择接受，我们便掌握了主动权：

"我可以平静地向他解释，他的做法不但惹我生气，而且没有效果。"

"现在,我终于看清他行为的本质(而不是带着一直以来的误解去审视)。这个人只是不知如何面对这种情况,他并不是要带着恶意故意激怒我。"

需要强调的是,我并不是鼓励大家指责别人,而是建议大家应该不加评判地接受这段关系的局限性。我们不应告诉自己:我觉得我的同事是个以自我为中心的傻瓜,既没有天赋,也不考虑别人的感受,看来我除了接受别无他法。切记,评判是一个会激化冲突的陷阱。我们需要练习的是不加评判地接受。我们必须接受别人真实的样子,并且以此为出发点与对方打交道。或许你要告诉自己:我知道,这只是我同事的沟通方式而已。我应该接受他这一点,而不是指望他有所改变。

我想在此稍微澄清一个问题。我并不是主张应该把差劲的表现当成默认状态,不去提醒对方注意自己的缺点。如果我们的反馈真的有助于对方成长,那么缄口不语或许会造成更大的伤害。只要通过一种正向鼓励的方式给出纠正性的反馈,就不会造成任何伤害,但有的时候即使给出反馈也不会产生什么效果。遇到这种不大常见的情况,接受对方是一只企鹅,对我们而言是一种解脱。

当你与某人重复陷入恶性冲突的模式时,最好假设这个人并不是有意与你针锋相对的。这个世界没有故意与你作对,不要允许自己这样看待世界了。你或许觉得别人的行为是针对你,因此耿耿于怀,但这是其中一种选择。除此之外,你也可以选择不带感情或不加评判地接受这些行为。

当对方恰好是我们的亲戚时,我们可能很难接受对方的局限性。如果你的家人让你们的每一次谈话都陷入伤害和愤怒的泥沼,那么你该如何应对?你没法儿干脆地把这个人从你的生活中剔除。那么,这是否意味着你从此陷入了一个持续不断的恶性冲突循环而无法脱身?如果你能接受这个人是一只企鹅,不再认为对方把矛头直指向你,你就不会这么被动了。

如果跟你说话的是一个蹒跚学步的孩子,而不是一个大脑发育成熟的成年人,你还会觉得他在说话时是有意把矛头指向你的吗?还是说,你只会摇摇头一笑了之?因为你知道,孩子还没有发展出用更有效的方式处理这种情况的能力。的确如此,我们都有一些比其他人进化得更慢的领域。如果你不小心踏入了别人尚未进化完全的领域,那也不必因其行为而生气。接受这个人本来的样子,包括各种缺点和局限。选择接受,我们便掌握了主动权。

企鹅不会飞，你发什么火呢？

◎ **期望和现实之间是一个充满了痛苦和冲突的空间。这个空间越大，我们的痛苦就越多**

· **接受**：只要接受人们本来的样子，接受他们的局限和一切，我们就能减少冲突。接受他人的局限性，即使希望他们改变，也不要期望他们做超出能力范围的事情。如果你因为对方没有朝你期望的方向奇迹般地改变而沮丧，那无异于对一只不会飞的企鹅发火。

· **根本不在对方，而在于你的期望**：当你与某人重复陷入恶性冲突的陷阱时，最好假设这个人并不是有意惹你生气或懊恼的。

· **你可以选择如何反应**：面对外部事件，我们都无法避免最初闪现的情绪，但接下来发生的事情则完全能够为我们所控制。我们可以选择让情绪控制我们，也可以选择控制我们的情绪。

结束语

学会拥抱冲突而不是避免冲突，我们的事业、家庭和人际关系便会蒸蒸日上、欣欣向荣。能够欣然接受和学会掌控冲突的个人和组织就能成为佼佼者。想要做到这点并不容易，但只要拥有了合适的工具，任何人都可以掌握这项技能。一旦学会了剔除冲突中的毒素，懂得如何在困境中找到前进的方向，而不是陷入恃强凌弱、争强好胜、评头论足或是过早退缩的泥潭，我们就可以将这些棘手的情况当作机遇，培养坦率和负责的理念，巩固关系，促进成长。

冲突之所以难以处理，往往是因为冲突包含四种强大而普遍的毒素，即愤怒、恐惧、自尊和评判。如果能让它们维持在一定范围内，这四大情绪就是有益而有效的，但是，这些情绪也很容易失去平衡，而这也就是我们会陷入四大冲突陷阱的原因。当我们的"战或逃"本能被触发时，愤怒和恐惧这两种毒素通常会飙升至有害水平。而自尊和评判这两种毒素，则是我们从小受到社会制约的结果。

每章末尾的信息栏都是章节内容的摘要，供大家快速查阅，这些信息栏在附录中也有提及，以便大家"一网打尽"。当你在生活的各个领域遇到冲突时，不妨参考这些内容。下一次发现自己或者沟通的对象陷入冲突陷阱时，请后退一步。将注意力放在深呼吸上，找出是哪种毒素正在发挥作用，注意这些情绪是如何把你拉进陷阱的。使用我们在本书中介绍的策略，将这些毒素控制在健康的范围内。在事后重新阅读相应的章节或信息栏，分析冲突是如何展开的，以及是否能采取不同的方式加以处理。这种迭代试错的方法能够极大地提高下次应对冲突时的成效。

最后两章介绍的工具在大多数情况下都很适用。让人们感到自己被倾听，这是成功化解一切冲突的第一步。大多数人要等到自己的观点完全被理解才愿意听取对方的意见。跟大家分享一个诀窍，那就是将对方视为一个有价值的资源，能用来帮助你明确自己所持观点的优点和缺点。另一种有效的方法是，比对方更精辟地重申他们的论点。一旦对方感觉自己被听到了，便也能理解你的立场，与你一起制订解决方案。最后，你还可以动之以情，通过故事讲述自己何时体验过与对方类似的情绪。

在第七章中，我们讨论了反复陷入同一种消极沟通模式时可用的对策。在一次又一次的冲突之后，你可能会想，这个人为什么总是这样做？但事实上，问题根本不在对方，而在于你的期望。当我们期望别人做出超出他们能力范围的事时，就等于是在给自己找不快，这和对一只不会飞的企鹅发火没什么不同！如果你和某人的谈话总是以同样的方式收尾，也许你就该接受对方不会改变的事实了。这个人秉性如此，不要一而再，再而三地因为同一件事感到沮丧。接受这段关系的局限性，然后继续前进。

不要再为企鹅不会飞而生气了。

现在，你已经拥有了一些有效的工具，这些工具不仅能帮你为冲突排毒，还能助你远离冲突陷阱。但与此同时，你还必须学会在正确的时机使用合宜的工具。锤子是一种很有用的工具，但并非遇到任何建筑问题它都能派上用场。除此之外，你还需要钳子、螺丝刀、扳手、夹板和一把电锯。你需要了解每种工具应该在何时使用，以及正确的使用方法。本书中提供了一套处理各种冲突的工具，其中一些工具有多种功能，像锤子一样可以在多种情况下使用。而其他工具得在非常特殊的领域才能大显神通，就像尺寸为1/16英寸[1]的内六角扳手。

在决定如何应对某种情况之前，我们需要了解摆在我们面前的是四大冲突陷阱中的哪一种。一旦理解了冲突的本质和可用的工具，正确的方法就变得清晰起来。这样一来，我们就不容易在陷入冲突时引发自己或他人的有害情绪陷阱。我们可以纵身跳入充满不确定因素的人际关系中，同时不被本能左右。我们可以使通往大脑前额皮层的神经通路畅通，从而确保推理、多角度思维和解决问题的能力在线，即便在矛盾激化时仍然能够临危不乱。大多数人都不会通过这种视角看待冲突，因此从不花时间好好处理问题。但是，一旦通过这个视角看问题并采取一些实践方法，每个人都可以掌握应对

---

[1] 约为0.16厘米。——编者注

冲突的方法。一旦了解了有害冲突发生的原因，有了一些为冲突排毒、帮助我们充分利用冲突的工具加持，掌握这门方法就变得易如反掌了。

成为有益冲突的推广大使

每一位阅读本书的读者，我亲爱的朋友，我对你们最大的希望，就是不仅要在自己待人接物的过程中拥抱有益冲突，还要相信自己能够成为一位推广有益冲突的大使，向世界各地传播这种理念。这并不是让大家自恃高人一等。每一天，我们都会目睹别人卷入冲突之中，这是摆在我们面前的现实。对于电视或社交媒体中上演的冲突，我们可能无能为力，但我们可以在自己能够直接影响到的圈子中清除有害冲突。我们可以对任何踏进这个圈子的人提出要求，让他们将毒素从沟通中剔除出去。如果你发现哪个工具非常适合你，那就与大家分享。让大家知道，凡是走进你的圈子的人，都将与你建立真诚、有意义且富有成效的关系，尽享有益冲突带来的一切好处。请将这套理念传播到世界各地。因为，越多的人认识到拥抱有益冲突的价值，这个世界就会变得越美好。

附 录
章节信息栏

第一章 冲突，是拥抱还是抗拒

拥抱冲突

有益的冲突能推动个人和组织向前发展；有害的冲突则会拖慢我们的速度，带来痛苦。

了解根源

所有冲突都遵循一套简单、可预测的模式。对大多数人来说，难以使冲突向有益方向发展的原因主要有两方面：一是我们大脑的运行机制，二是我们的成长环境。

- **先天遗传**：我们的生存本能已经经历了数十亿年的进化，深深印刻在我们的DNA中。我们天生拥有一个"战或逃"的应急系统，在发生冲突时会被自动激活。

- **后天培养**：我们从小便经历了社会化的洗礼，在如何处理冲突的问题上接收相互矛盾的信息。我们所受的教育告诉我们，要学会评判他人，但也要将评判视为不礼貌的行为；待人要坦率和诚实，但如果没有赞美之言，就保持沉默。这些矛盾的信息让我们不知何去何从。

冲突中的毒素

我们通过先天遗传和后天培养获得了四种情绪，处于最佳范围内时，这些情绪是有益且有效的，但在低于或超过最佳范围时，它们就转化成了毒素。大多数有害的冲突就是由以下这些情绪造成的：

- **恐惧**
- **愤怒**
- **评判**
- **自尊**

冲突陷阱

随着冲突中毒素的积累，我们可能会陷入四种常见的陷阱：

- **霸凌陷阱**
- **必胜陷阱**
- **逃避陷阱**
- **评判陷阱**

第二章　霸凌陷阱

洞悉霸凌陷阱

并非所有霸凌行为都是陷阱

霸凌陷阱指有害的愤怒、恐惧或自尊导致出现霸凌行为的情况，这种行为会在不经意间导致冲突恶化，或是在本不存在有害冲突的情况下制造有害冲突。

霸凌陷阱发生在高压环境之中

霸凌陷阱出现在高压环境下，这时压力当头，我们的情绪狂放外露。这些都是最能导致愤怒、恐惧和自尊飙升到有害水平的条件。由这种情况引发的行为，会在不经意间激发他人"战或逃"的反应。

滋生毒素的三个因素

以下这些因素通常会导致有害的愤怒、恐惧和自尊，将我们拖进霸凌陷阱。

· **权威**：处于权威地位时，即使是富有同情心的人也会陷入霸凌陷阱。身居要位的人更容易以自我为中心来看待问题，不那么体恤他人，且更容易用霸凌行为对待他人。

· **激情**：有的时候，我们的激情会被别人视为咄咄逼人，让我们有可能成为别人眼中的霸凌者。

- **人格解体：** 如果仅仅拿别人在我们生活中扮演的角色看待对方，我们便容易陷入霸凌陷阱。

霸凌陷阱会造成严重的破坏

霸凌会切断沟通的渠道。在工作场所，霸凌助长了背后诋毁和暗中操控的行为，还会导致更严重的霸凌，消耗本应投入正向发展的精力。原本能起到积极作用的反馈也会因霸凌而变味儿。

克服霸凌陷阱的工具

"购物清单语气"

用一种沉着冷静、理性的语气来清除沟通中的毒素，仿佛你只是在告诉朋友让他们到商店帮你买什么东西。

不要发泄怒气

永远不要通过反馈来抨击他人（这是软弱而非强大的表现）。在给予反馈之前，先处理好自己的愤怒情绪。控制情绪，不要让自己被情绪控制。

强调对方的价值

在给出苛刻的反馈时，抓住机会强调对方的价值。

梳理信息

在传递信息之前先明确沟通的目的。这样做可以消除毒素,让交流变得更加顺畅。

将对方视为完整的人

沟通前先花几分钟时间思考你们的共同点。

面对霸凌者

以上所有工具对被霸凌者同样有效。

第三章　必胜陷阱

洞悉必胜陷阱

获胜的执念可能会让你偏离目标

当想要打败别人的欲望让你忽略了更大的目标时,你就陷入了必胜陷阱。

情绪可能是一种弱点

我们容易将愤怒或自以为是的心态作为出发点,自认为强大无比。但事实上,这些情绪却可能是我们最大的弱点。

导致陷入必胜陷阱的两种毒素

· **自尊**：满足自尊的需求会让我们更努力且更持久地进行战斗，即便这场战斗已不再与我们更大的目标相契合。达成妥协可能会让人感到失败或懦弱，因此自尊会驱使我们争取胜利，而不是达成和解。同样，对方的自尊也会将他们推入必胜的陷阱。

· **沉没成本谬误**：在投入了时间、金钱、精力或其他资源之后，我们便更难选择放弃。沉没成本谬误是指我们因为想要收回投资而继续追求某个目标，即使这已不再符合我们的最大利益。

克服必胜陷阱的工具

注意这些迹象

学会辨识自己的必胜需求在何时被激发，这样一来，你就可以避免落入必胜陷阱。

迎合自己的自尊要付出代价，但迎合别人的自尊却不必付出任何代价

当你发现身体因为冲突而出现生理反应时，记得问问自己：我是不是掉进了冲突陷阱？对方是不是也陷入其中了？

· 如果你发现是你的自尊在驱动冲突，那就按下暂停键。用理智决定是否要继续下去，不要让自尊左右你的行为。

· 如果你看到是对方的自尊在推动冲突，那就满足对方的自尊。这样做不会浪费你一分钱。

为沉没成本止损

如果发现自己是因为已经投入很多而继续追求某个目标，那你就很容易评估让你非赢不可的动力是不是沉没成本。如果真是这样，那就及时止损吧。

接受米尔顿这类人的本质

如果你面对的是一个无时无刻不想赢的人，那就不要为了争胜负而落入陷阱。相反，接受这个人不会改变这一事实，明确你可选的应对方案，选择成本最低的那一项。

第四章　逃避陷阱

洞悉逃避陷阱

逃避冲突只会让事情变得更糟

避免冲突可能会暂时让人感觉安全，却会让问题恶化。有害的恐惧会让我们逃避冲突，而不是为了顾全大局而接受冲突。大多数人会选择逃避眼前的小冲突，即使这种逃避会让我们距离虽不紧迫但异常严峻的大冲突越来越近。

导致陷入逃避陷阱的有害恐惧有三大来源：

· **心理安全感：** 害怕因表达自己对某件事的忧虑或指出错误而受到惩罚或羞辱。

· **印象管理：** 害怕坦露心声会给自己带来负面影响。

· **社会化：** 害怕提出建设性的批评会惹人不快，或被视为对人不尊重、不礼貌。

克服逃避陷阱的工具

把挑起冲突作为一项工作要求

定期安排简报会议和事前简报会，在会上缄口不言的人被视为没有尽到职责。这样做的好处是：

· 频繁提供发现问题的机会，让坏消息尽快浮出水面。

· 营造一个能提供心理安全感的环境，让人们免于因挑起冲突而背负污名。

· 对员工进行激励和赋权，让他们不断寻求改善。

这是一个积累经验的练习，而不是一个必须有结果的会议

强调倾听每个人独特观点的重要性，尽可能站在更广泛的视角看问题。

营造一种坦率和问责的文化

鼓励坦率地反馈问题,将犯错视为学习和进步的机会(而不是耻辱的标志),并尊重那些愿意为自己承担责任的人。

养成习惯

每个团队成员每周汇报下周承诺完成的目标,并将本周表现与上周目标进行对比。

树立榜样

定期树立敢于承担自己错误的榜样。

迎接冲突

把冲突当成彰显品格、建立信任和巩固关系的机会。

第五章 评判陷阱

洞悉评判陷阱

并非所有评判都会引出陷阱

评判是一种很有价值的工具,能够帮助我们做出决定。但是,当评判与恐惧、愤怒、自以为是或怨恨等毒素掺杂在一起时,就会将我们拉进评判陷阱并引发负面冲突。

评判是一种自然的冲动

我们的祖先不得不根据极少的信息快速做出决定,人类的评判本能让他们得以生存繁衍。如今我们已不再面临这种险境,但我们的大脑在受到威胁时仍会做出与祖先面对剑齿虎时一样的反应。

有害评判的后果

· **在沟通时产生负面反应**:我们给对方的评判可能通过我们的语气和措辞表达出来,导致对方产生戒备心,心生怨恨和愤怒之情。

· **耗费时间和精力**:即使对方理应被我们指责,但固守评判也会为我们带来重负,消耗我们本可以用来实现目标的宝贵时间和精力。

避开评判陷阱的工具

把别人的评判当作学习的机会

被人评判的感觉不好受,但有的时候,我们只有感觉受到别人的评判,才能意识到自己的缺点,从而取得进步。

不加评判地交流

专注于陈述事实而非做出评判。我们有能力在想要评判时仍选择使用不加评判的用语。

用后即弃

保护我们免受伤害或是能让我们朝着更大目标迈进的评判是有益的；而对那些无法保护我们或导致我们偏离目标的评判来说，还是放手为好。

第六章　学会倾听

倾听的意义和难点

让人们感觉自己被倾听，是化解冲突的关键一步

如果觉得自己的观点没有得到对方的充分理解，那么大多数人都不愿意思考对方的观点。我们可以通过理解他人来化解冲突。

确认偏误是一个巨大的障碍

对既有理念在情感上的依赖不但不能让我们的观点更具说服力，反而还会削弱观点。只有了解了对方观点的优势和自己观点的缺陷，我们才能让对方相信我们已经理解了他们，这样一来，我们才能着手解决冲突。

发自内心的好奇能够促进发自内心的倾听,而发自内心的倾听也能促进发自内心的理解

克服确认偏误和让人感觉到被倾听的工具

承认确认偏误的威力

有意感知确认偏误,可以让我们更好地控制自己的反应。

寻找能够反驳你的观点的信息

把对方视为一个有价值的资源,让你认清自己的优势和劣势。

比对方更精辟地阐释他们的观点

如果对方能比你更精辟地阐释你的观点,你便会感觉自己得到了对方的理解。越能更早、更清晰地表达出对方的观点,对方就越能理解你的观点并努力寻找解决方案,而你们也可以将更多的精力投入到问题的解决上。

把你的理解以充满感情的方式表达出来

分享一个你曾与对方现在的感受相同的故事,表示你的理解是

发自内心的。

解决冲突的操作顺序

1. 通过倾听来理解冲突,用以下方法克服确认偏误:

    a. 承认确认偏误的威力。

    b. 寻找能够反驳自己既有思维方式的信息。

2. 表达你理解对方的立场,让对方感觉自己的观点被听到了:

    a. 比对方更精辟地阐释他们的观点。

    b. 把你的理解用充满感情的方式表达出来。

3. 制订一个解决方案。

第七章 企鹅不会飞,你发什么火呢?

期望和现实之间是一个充满了痛苦和冲突的空间。这个空间越大,我们的痛苦就越多

· **接受:**只要接受人们本来的样子,接受他们的局限和一切,我们就能减少冲突。接受他人的局限性,即使希望他们改变,也不要期望他们做超出能力范围的事情。如果你因为对方没有朝你期望的方向奇迹般地改变而沮丧,那无异于对一只不会飞的企鹅发火。

- **根本不在对方，而在于你的期望：** 当你与某人重复陷入恶性冲突的陷阱时，最好假设这个人并不是有意惹你生气或懊恼的。

- **你可以选择如何反应：** 面对外部事件，我们都无法避免最初闪现的情绪，但接下来发生的事情则完全能够为我们所控制。我们可以选择让情绪控制我们，也可以选择控制我们的情绪。

致　谢

对一些作家而言，仅仅是将他们那聪明头脑中的智慧转化为文字，就能创作出令人敬畏的文学作品。而我并不是这些天才中的一员。这本书是团队努力的结晶，能得到这么多杰出人士的支持，与他们建立友谊并得到他们的指导，我真的深感荣幸。我对他们抱有无尽的感激之情。

如果没有我的父母，这本书就不可能问世。他们不仅赋予了我生命（没有比这更大的恩情了），而且他们无条件的爱、鼓励和支持对我来说也意义非凡。在参与有益的冲突的技巧上，我的第一堂课就是观察父亲与他人的互动——首先是通过孩子的双眼旁观，然后逐渐发展为以律师的身份与他人共同处理法律事务。他从不回避冲突，而且还具备一种能与各行各业的人打交道的特殊能力，无论对方的种族、财富、宗教背景是什么。对方与他的差异越大，他就越想了解对方的背景和观点。爸爸，您已经离开我们十五年了，但我没有一天不想念您。我真的好希望您能参与到这本书的写作中来，相信这其中的每一分钟，您都会乐在其中。当然，还要感谢我的母亲，她在这本书中扮演了非常重要的角色，投入了无数的时间，集试读者、研究员、编辑、参谋和啦啦队队长等角色于一身。毫无疑问，她有益的观点和反馈使这本书的读者范围扩大了。妈妈，能和您一起经历这个过程，我真是太开心了。在这本书出版的时候，您已84岁了（不好意思，跟大家透露了您的年龄），可您的求知欲却一如既往地旺盛，分析能力也一如既往地敏锐。何止如此，语言根本无法表达我对您和您所付出的一切的感激。妈妈，我爱您。

有几个人的名字值得在这里特别提及。感谢埃里克·莱夫科夫斯基，感谢你给了我创作这本书的灵感，在这一路上给予我支持和动力，直到整本书创作完成。我们之间的友谊，我会一生珍惜。感谢安迪·厄尔（Andy Earle），在整个写作过程中，是你给我指导，教会我创作一本书的方法，从书的结构到思想和概念的连贯性，再到章节、段落和单个句子的编排，一切都有你的痕迹。如果没有你，即使花两倍的时间，我也写不出一本有现在三分之一好的书。感谢乔希·林克纳（Josh Linkner），是你帮助我打磨出关于冲突的主题演讲，为这本书提供了原始素材。你不仅是我的试读者之一，还在本书的创作过程中与我慷慨分享了自己写作的成功经验（包括两本《纽约时报》畅销书榜上榜书），给予我无私的帮助，尤其感谢你帮我与 Post Hill 出版社牵线搭桥。感谢 Post Hill 出版社的同人，感谢你们审时度势，决定将这本书付梓出版，衷心感谢大家！感谢保利乌斯·马丘利维修斯（Paulius Maciulevicius），在危地马拉的一座火山进行为期两天的徒步旅行时，我有缘与他相遇。他认真听我讲述了书中的许多要点，并且坚持让我把这本书的书名从《为冲突解毒》改为《别对企鹅发火》。这个书名要比我的原始版本精彩太多了。在这本书即将诞生时，我找到了一些我认识的最有学识且最具洞察力的朋友，让他们作为本书的试读者。他们一章一章地阅读了本书的初稿（有些人甚至阅读了一些章节的多个版本）。由于他们的反馈，这本书的最终版本充实了许多。我对试读者的慷慨相助深表感谢，你们不仅贡献了自己的时间和专业知识，还发自内心地希望将这本书打造成有价值的资源，让读者的生活变得更加美好（以下名字按字母顺序排列）：伊恩·伯恩斯坦（Ian Burnstein）、马特·埃格林（Matt Egrin）、约翰·费尔德曼（John Feldman）、玛琳·卡普（Marlene Karp）、乔·拉什（Joe Lash）、乔希·林克纳、罗伯·利皮特（Robb Lippitt）、萨加·帕瓦塔内尼（Sagar Parvataneni）、伊拉·施卢塞尔（Ira Schlussel）、科里·廷彻（Cory Tincher）和李·特雷派克（Lee Trepeck）。我知道大家都非常忙碌，因此，你们的贡献意义重大。

最后，我要感谢我的家人，如果没有我美好可爱的家人们的坚定支持，我就无法完成这本书。感谢我的妻子瑞秋，女儿吉莉安、阿米莉亚和维奥莱特。瑞秋，感谢你阅读多版初稿并给我提供了批判性的反馈意见，这让这本书的整体质量上了一个台阶。更重要的是，你是我最珍贵的人生伴侣。感谢你们，感谢你们对这个项目报以热情并鼓励我坚持下去。最重要的是，我要感谢你们这些美好的人日复一日地为我的生活灌注精彩。你们的幸福于我而言意义非凡。

激发个人成长

多年以来，千千万万有经验的读者，都会定期查看熊猫君家的最新书目，挑选满足自己成长需求的新书。

读客图书以"激发个人成长"为使命，在以下三个方面为您精选优质图书：

1. 精神成长
熊猫君家精彩绝伦的小说文库和人文类图书，帮助你成为永远充满梦想、勇气和爱的人！

2. 知识结构成长
熊猫君家的历史类、社科类图书，帮助你了解从宇宙诞生、文明演变直至今日世界之形成的方方面面。

3. 工作技能成长
熊猫君家的经管类、家教类图书，指引你更好地工作、更有效率地生活，减少人生中的烦恼。

每一本读客图书都轻松好读，精彩绝伦，充满无穷阅读乐趣！

认准读客熊猫

读客所有图书，在书脊、腰封、封底和前后勒口都有"**读客熊猫**"标志。

两步帮你快速找到读客图书

1. 找读客熊猫

2. 找黑白格子

马上扫二维码，关注**"熊猫君"**

和千万读者一起成长吧！